18개 법칙만 알면,
2,136개 한자가 일본어로 술술 읽힌다!

한글로 배우는 日語

이원찬 저

초판 1쇄 인쇄 2015년 8월 31일
초판 2쇄 인쇄 2016년 5월 20일
지은이 이원찬
펴낸이 이승훈
펴낸곳 해드림출판사
주　소 서울 영등포구 경인로 82길 3-4(문래동1가 39)
　　　　 센터플러스빌딩 1004호(우편 07371)
　　　　 전　화 02-2612-5552
　　　　 팩　스 02-2688-5568
　　　　 E-mail　jlee5059@hanmail.net

등록번호 제87-2007-000011호
등록일자 2007년 5월 4일

* 책값은 표지에 있습니다
* 잘못된 책은 바꿔드립니다
ISBN 979-11-5634-103-1

일본어 공부하다 보면, 정작 힘든 건 한자!
법칙이 있다면 쉽게 바로바로 배울텐데...
이 책을 만나보세요!
우리말만 할 줄 알면, 일본한자 할 수 있습니다!

18개 법칙만 알면, 2,136개 한자가 일본어로 술술 읽힌다!

한글로 배우는 日語

이원찬 저

해드림출판사

머리말

한국과 일본은 고대로부터 오늘날에 이르기까지 수천 년 동안 인적·물적 활발한 교류와 더불어 다른 한편으로는 갈등과 대립으로 점철되어 온 관계이다. 이는 역사적으로나 지리적으로 볼 때 일본과는 끊임없이 서로를 알아가면서 더불어 살아가야 한다는 것을 의미한다. 특히 최근에 와서는 경제 교류뿐만 아니라 민간 차원의 문화적 교류도 활발히 이루어지고 있어 양국 간의 관계는 그 어떤 때보다 중요하게 여겨진다.

그러나 최근에 우리나라에서는 한글 전용이라는 시책으로 한자를 등한시하는 경향이 생겨, 한자를 그 뿌리로 하는 일본 문헌을 접하기가 더욱더 어렵게 되었다.

더욱이 두 나라 간의 학문적, 기술적 교류가 활발한 전문 분야의 일본어 서적은 대부분 漢字로 表記되어 있어, 읽고 그 뜻을 깨닫기에는 어려움이 따른다. 이러한 현실에서 音과 訓으로 표현되는 일어 한자를 배우다 보면 머릿속은 더욱 혼란스럽고 복잡해질 수도 있다.

필자는 백제 시대 왕인박사가 일본에 한자를 전래하는 과정에서 어떤 방식으로 전하였는지 들은 바가 없어 궁금하던 차에 일본 여행 시 왕인박사 묘소를 참배하게 되었고, 이때 한자가 전해졌음을 확신하고 그 방식에 대해 의문과 관심을 갖게 되었다.

일어 공부를 하다 보면 누구나 느끼는 일이지만 웃고 들어갔다가 울고 나온다는 말이 있다. 이에 이 책을 통해 소개되는 한국어와 일어의 상관성을 이해하게 된다면 일어에 대한 자신감은 물론 일어 공부에 큰 도움이 될 것이다. 다소 불충분한 부분이나 오류가 있다면 독자 여러분의 지적과 조언을 바란다.

2015년 8월
저 자 씀

일러두기

1) 이 책은 일어의 정규교육과정이나 일본 현지 경험이 없이 일어한자를 배우려 하는 사람들에게 도움이 되도록 하였다.

2) 일어 한자어휘는 소리(音)와 뜻(訓)의 두 가지로 표현한다. 이로 인하여 일어를 공부(이해)하는 데 어려움과 혼란스러움이 따르게 된다. 이 책에서는 일어의 소리(音)에 해당하는 音語에 대하여 공부하도록 하였다.

3) 일어의 뜻(訓)에 해당하는 훈독어(訓讀語)는 일본의 고유 풍속과 관습에 따라 오랜 세월을 거쳐 통용된 것이므로 단시간에 이해한다는 것은 불가능하므로 훈독어(訓讀語)에 대해서는 시간을 두고 정규과정이나 기타의 방법으로 공부하는 것이 좋을 것이다.

4) 이 책에 앞으로 전개되는 일본어와 한국어와의 상관관계는 일반적인 법칙이며, 문자화 이후 오랜 세월 동안 생활 속에서 변형 및 응용된 부분도 있어 그 법칙에서 벗어난 경우도 있다.

5) 이 책에서 나오는 한자는 日本의 초등학교 교육과정의 한자(1006字)와 중등학교 교육과정의 한자(1,130字)인 2,136字를 活用하였다.

6) 이 책에서 나오는 단어는 일본의 초·중등학교 교육용 한자 2,136字를 이용하여 일상에서 주로 많이 사용되는 단어를 活用하였다.

7) 동음어의 해설부문은 임의로 선정한 단어의 변형과정을 보여 주며 "동음어, 변형어, 받침어, 훈독어"에 대한 구체적인 설명은 해당 항을 참조하기 바란다.

용어의 정의

한글은 자음과 모음을 기본음으로 하여 초성, 중성, 종성의 글자 형식을 갖추어 발음하는 表音文字이지만 일어의 문자인 50음자에서는 종성이 없는 즉 받침이 없는 글자 형식으로 자음과 모음만으로 표현되는 表語文字이다.
이 책에서 한글과 같은 음으로 발음하는 字의 音을 동음어라고 하였고, 한글과 다른 음으로 발음하는 字의 音을 변형어라는 용어로 설명하였다.

- 音: 소리

- 字: 글자

- 語: 글자의 소리

- 동음어: 일어 50음자에서 초성과 중성의 음이 한글의 초성과 중성의 음과 같은 음으로 표현된 글자의 음을 동음어라 하였다.
  -형식: 초성 동음 + 중성 동음

- 변형어: ① 일어 50음자에서 초성과 중성의 음이 한글의 초성 중성의 음과 다른 음으로 변형된 語
    -형식: 초성 변형 + 중성(자음 변형)
    -형식: 초성 + 중성 변형 (모음 변형)

  ② 한글의 종성의 음과 다른 음으로 변형된 語
    -형식: 초성 + 중성 + 종성 변형 (자음 변형)

- 받침어: 변형어 ②항에서 한글의 종성인 받침(자음) ㄱ, ㄹ, ㅂ, ㅇ음을 하나의 글자의 음으로 변형하여 표현하는 글자의 음을 받침어라 하였다.

- 받침음: 변형어 ②항에서 한글의 종성인 받침(자음) ㄴ, ㅁ음을 일어 50음자의 ん音字로 써서 표현하고, 이를 받침음이라 하였다.

- 훈독어: 일어 한자의 뜻을 일어 50음자로 표현하는 글자(50음자)의 음을 훈어 또는 훈독어라 하였다.

차례

Part I. 일어 50음자의 구성
    1. 일어 50음자의 특징   12
    2. 한글과 일어 50음자의 자,모음   12
    3. 일어 50음자(音字)의 생성   13
    4. 일어 50음자의 동음어,변형어 분류   15
    5. 한, 일어의 관계도   16

Part II. 일어 한자의 이해
    1. 일어 한자   18
    2. 한자 읽기 18개 법칙 정리   18

Part III. 한글과 일어(50음자와 한자)의 동음어
    1. 동음어
        1) 가행(か)동음어   22
        2) 나행(な)동음어   25
        3) 다행(た)동음어   26
        4) 라행(ら)동음어   28
        5) 마행(ま)동음어   29
        6) 사행(さ)동음어   31
        7) 아행(あ)동음어   32

Part IV. 한글과 일어(50음자와 한자)의 변형어
    1. 변형어
        1) 초성 변형어   38

| (1) 초성자음 ㅂ음의 변형   38
| (2) 초성자음 ㅍ음의 변형   49
| (3) 초성자음 ㅎ음의 변형   54
| 2) 중성 변형어
| (1) ㅓ, ㅕ는 ㅔ음으로 변형   67
| (2) ㅐ는 ㅏ, ㅣ로 변형   79
| 3) 종성 변형어
| (1) 받침어   83
| ① 한글받침 ㄱ음자의 변형   84
| ② 한글받침 ㄹ음자의 변형   100
| ③ 한글받침 ㅂ음자의 변형   110
| ④ 한글받침 ㅇ음자의 변형   115
| (2) 받침음   134
| ① 한글받침 ㄴ, ㅁ음자의 변형   134

Part V. 실용예문   147

부록
1. 한글과 일어 50음자의 음의 상관표   172
2. 일본 초·중등학교 교육용 한자의 동음어, 변형어   175
   받침어와 받침음의 분류

Part I

일어 50음자의 구성

1. 일어 50음자의 특징
2. 한글과 일어 50음자의 자, 모음
3. 일어 50음자(音字)의 생성
4. 일어 50음자의 동음어, 변형어 분류
5. 한, 일어의 관계도

1. 일어 50음자의 특징

일어는 50음자와 한자를 글자로 하고 그 글자의 음을 50음으로 발성하는 언어이다. 현재의 한글의 구성원리와 일어 50음자에 대하여 설명해 보고자 한다.

첫째, 한글의 초성자음과 중성모음이 어울린 어음을 가진 문자의 언어이다.

둘째, 중성모음이 단모음인 언어이며 한글의 중성모음 ㅐ음은 ㅏ, ㅣ로 변형되고 ㅓ, ㅕ음은 ㅔ음으로 변형된 언어이다.

셋째, 종성자음이 없는 즉 받침이 없는 문자의 언어이다. 한글에서 받침으로 쓰는 ㄱ, ㄹ, ㅂ, ㅇ은 50음어인 く, つ, う, い·う語로 변형된 문자의 언어이다.

넷째, 글자구성이 초성,중성의 음과 50음자의 글자와의 이론적 근거가 없어 보이며, 특히 50음자와 漢字를 혼용하는 과정에서 한자의 음과 뜻(訓)을 섞어쓰는 언어의 관습으로 일어의 어려움과 복잡함을 느끼게 되는 것이다.

2. 한글과 일어 50음자의 자, 모음

일어 50음자는 한글의 초성자음 ㄱㄴㄷㄹㅁㅎㅅㅇ 8자와 중성모음 ㅏㅣㅜㅔㅗ 5자의 자,모음이 어울려 만들어진 소리글이다. 이 소리글에서 자, 모음의 어울림 소리와 무관한 글자를 만들어 사용하는 것이 일어 50음자이다.

(1) 자음

한글	ㄱㄴㄷㄹㅁㅂㅅㅇㅈㅊㅋㅌㅍㅎ (14字)
일어 50 음자	ㄱㄴㄷㄹㅁㅎㅅㅇ (8자)

(2) 모음

한글	ㅏㅑㅓㅕㅗㅛㅜㅠㅡㅣ	(10字)
일어 50 음자	ㅏㅣㅜㅔㅗ	(5자)
	ㅑㅛㅠㅡ	(4자)

3. 일어 50음자의 생성

일어는 한글의 자음 8자와 모음 5자를 요소로 하여 만들어진 글자이다.

한글의 자음 ㄱ과 모음 ㅏ ㅣ ㅜ ㅔ ㅗ 로
가 기 구 게 고 = か き く け こ

한글의 자음 ㄴ과 모음 ㅏ ㅣ ㅜ ㅔ ㅗ 로
나 니 누 네 노 = な に ぬ ね の

한글의 자음 ㄷ과 모음 ㅏ ㅣ ㅜ ㅔ ㅗ 로
다 찌 쯔 데 도 = た ち つ て と

한글의 자음 ㄹ과 모음 ㅏ ㅣ ㅜ ㅔ ㅗ 로
라 리 루 레 로 = ら り る れ ろ

한글의 자음 ㅁ과 모음 ㅏ ㅣ ㅜ ㅔ ㅗ 로
마 미 무 메 모 = ま み む め も

한글의 자음 ㅅ과 모음 ㅏ ㅣ ㅜ ㅔ ㅗ 로
사 시 수 세 소 = さ し す せ そ

한글의 자음 ㅇ과 모음 ㅏ ㅣ ㅜ ㅔ ㅗ 로
아 이 우 에 오 = あ い う え お

한글의 자음 ㅎ과 모음 ㅏ ㅣ ㅜ ㅔ ㅗ 로
하 히 후 헤 호 = は ひ ふ へ ほ 로 하고

한글의 ㅑ ㅠ ㅛ = や ゆ よ
　　　ㅘ ㅗ = わ　を
　　　ㅡ 　 = ん　으로 하여

일어의 글자인 50음의 字를 생성하였다고 본다.

일어 50음자

50 음자	
히라가나 (ひらがな)	가타가나 (カタカナ)
あ い う え お か き く け こ さ し す せ そ た ち つ て と な に ぬ ね の は ひ ふ へ ほ ま み む め も や　ゆ　よ ら り る れ ろ わ　　　を ん	ア イ ウ エ オ カ キ ク ケ コ サ シ ス セ ソ タ チ ツ テ ト ナ ニ ヌ ネ ノ ハ ヒ フ ヘ ホ マ ミ ム メ モ ヤ　ユ　ヨ ラ リ ル レ ロ ワ　　　ヲ ン
아 이 우 에 오 가 기 구 게 고 사 시 스 세 소 다 찌 쓰 데 도 나 니 누 네 노 하 히 후 헤 호 마 미 무 메 모 야　유　요 라 리 루 레 로 와　　　오 응	아 이 우 에 오 가 기 구 게 고 사 시 스 세 소 다 찌 쓰 데 도 나 니 누 네 노 하 히 후 헤 호 마 미 무 메 모 야　유　요 라 리 루 레 로 와　　　오 응

4. 일어 50음자의 동음어, 변형어 분류

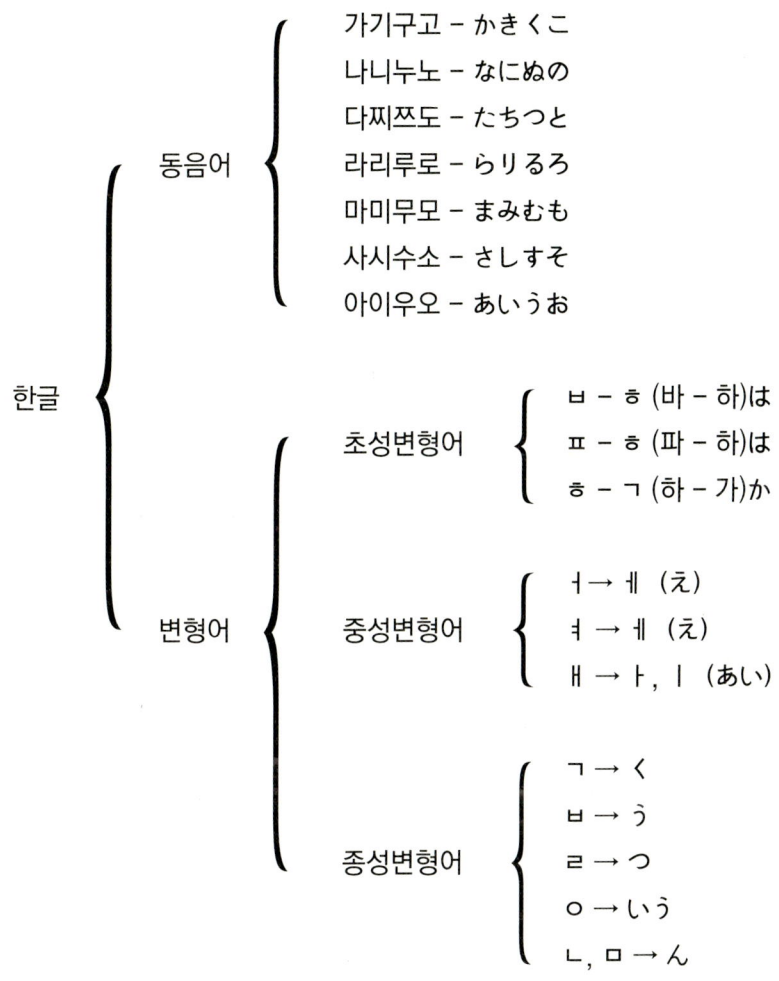

5. 한, 일어의 관계도

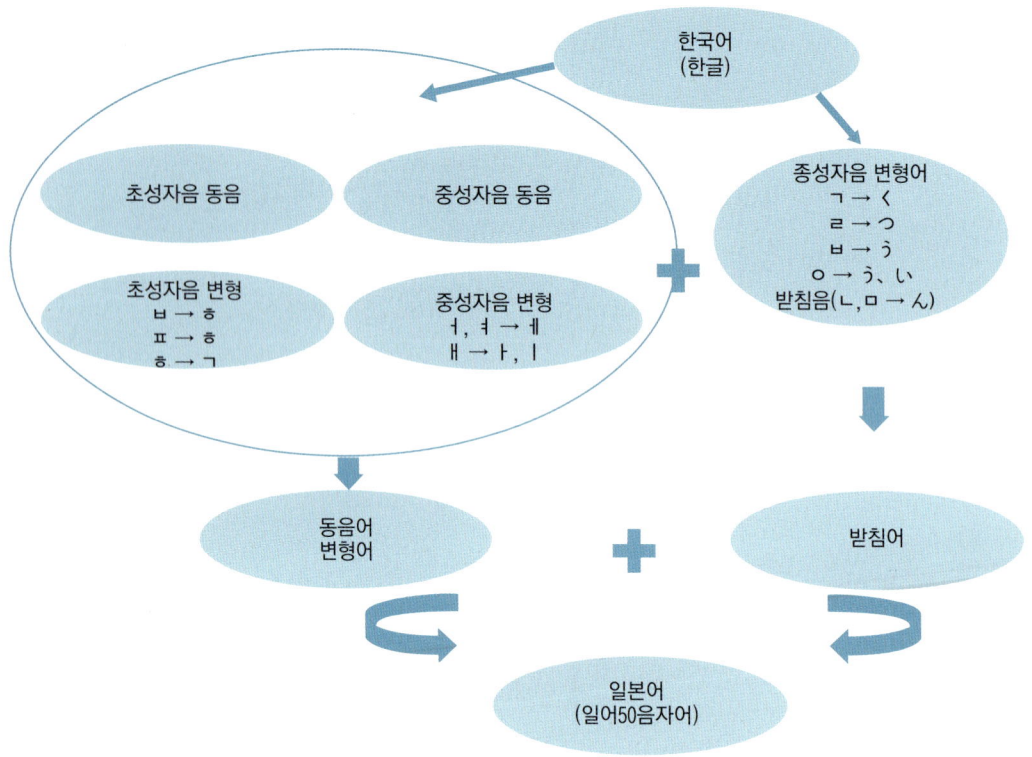

도표 설명

1. 초성(ㅂ→ㅎ, ㅍ→ㅎ, ㅎ→ㄱ)만 변형한 어
2. 중성(ㅓ→ㅔ, ㅕ→ㅖ, ㅐ→ㅏ, ㅣ)만 변형한 어
3. 초성(ㅂ→ㅎ, ㅍ→ㅎ, ㅎ→ㄱ)과 중성(ㅓ→ㅔ, ㅕ→ㅖ, ㅐ→ㅏ, ㅣ)이 함께 변형한 어
4. 종성(ㄱ→く, ㄹ→つ, ㅂ→う, ㅇ→う,い와 받침음 ㄴ,ㅁ→ん)이 변형한 어
5. 위 1, 2, 3, 4의 어느 경우를 거쳐 일어 50음자어가 되었다.

Part II

일어 한자의 이해

1. 일어 한자
2. 한자 읽기 18개 법칙 정리

1. 일어漢字

○ 일어한자는 음과 훈으로 표현한다. 음은 소리(音), 훈은 뜻(訓)으로 구분한다.

○ 일어는 50음자를 文字로 하는 언어이다.
다만 한자를 50음자와 혼용하는 과정에서 한자는 뜻글이므로 음(音)과 뜻(訓)으로 구분하는 구조적 특성을 가지고 있다. 한자를 50음자와 혼용하는 과정에서 음과 훈의 법칙이 없고 관습에 따라 쓰는 관계로 복잡하고 어렵게 여겨진다. 이런 구조적 내용을 이해해 가면서 일어 공부에 임하면 도움이 되지 않을까 한다.

2. 한자 읽기 18개 법칙 정리

1	동음어

법칙1) 가행 동음어
　　가 기 구 고 (か き く こ)

법칙2) 나행 동음어
　　나 니 누 노 (な に ぬ の)

법칙3) 다행 동음어
　　다 찌 쯔 도 (た ち つ と)

법칙4) 라행 동음어
　　라 리 루 로 (ら り る ろ)

법칙5) 마행 동음어
　　마 미 무 모 (ま み む も)

법칙6) 사행 동음어
　　사 시 스 소 (さ し す そ)

법칙7) 아행 동음어
　　아 이 우 오 (あ い う お)

2 변형어

2.1 초성의 변형어

법칙8) ㅂ음의 변형 → ㅎ음으로

법칙9) ㅍ음의 변형 → ㅎ음으로

법칙10) ㅎ음의 변형 → ㄱ음으로

2.2 중성의 변형어

법칙11) ㅓ음의 변형 → え(에)음으로

법칙12) ㅕ음의 변형 → え(에)음으로

법칙13) ㅐ음의 변형 → あ,い(ㅏ,ㅣ)음으로

2.3 종성의 변형어

법칙14) ㄱ받침의 변형 → く(구)어로

법칙15) ㄹ받침의 변형 → つ(쯔)어로

법칙16) ㅂ받침의 변형 → う(우)어로

법칙17) ㅇ받침의 변형 → い,う(이,우)어로

법칙18) ㄴ,ㅁ받침의 변형 → ん(ㄴ,ㅁ)음으로

Part III

한글과 일어(50음자와 한자)의 동음어

1. 동음어
   1) 가행 (か) 동음어
   2) 나행 (な) 동음어
   3) 다행 (た) 동음어
   4) 라행 (ら) 동음어
   5) 마행 (ま) 동음어
   6) 사행 (さ) 동음어
   7) 아행 (あ) 동음어

1. 동음어 同音語

일어 50음자 생성과정에서 한글의 초성자음, 중성모음이 일어 50음자에서 같은 자, 모음으로 만들어진 글자를 한글의 동음어라 하고 일어 50음자의 자, 모음이 한글의 자, 모음과 다른 음으로 변하여 만들어진 일어 50음자를 가리켜 변형어라 칭하였다. 일어 50음자의 하(は)행과 에(え)열에 해당하는 음자는 초성과 중성이 변형된 변형어이므로 동음어에서는 취급하지 않고 변형어 란에서 취급하였다.

1) 가행 동음어

가 기 구 게 고 (か き く け こ)

한글 초성자음 ㄱ과 중성모음 ㅏ ㅣ ㅜ ㅔ ㅗ로 어울려진 글자 가 기 구 게 고 의 변형어 게 를 제외한 동음어 가 기 구 고 의 대하여 설명하고자 한다.

한글	일어 50 음자	
	음	글자
가	가	か
기	기	き
구	구	く
고	고	こ

(1) か(가)는 한글 초성자음 ㄱ과 중성모음 ㅏ와 결합하여 "가"로 발음되는 일어문자이다. 한글의 "가"음으로 표기하는 한자 (예: 加 可 假 價 家 歌 佳 架 稼 暇 嫁)를 한글과 일어 50음자에서 각기 다르게 "가 와 か"로 쓰나 음은 동음인 "가"로 읽는다.

이해를 돕기 위하여 도표로 동음어 か(가)를 아래와 같이 표시하였다.

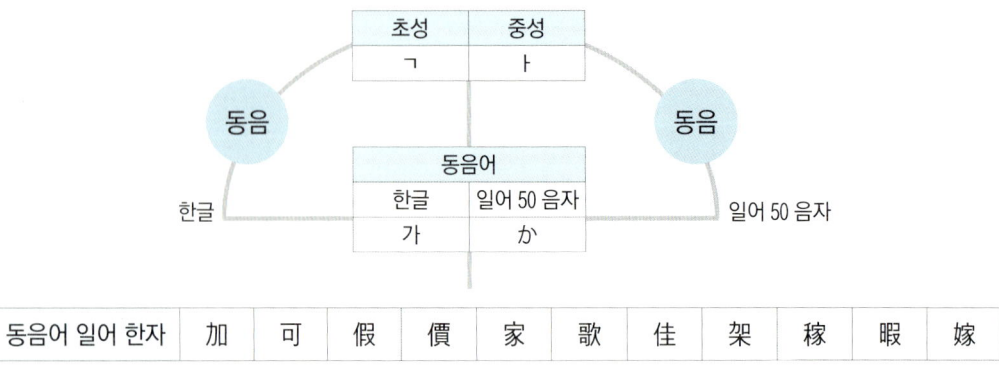

同音語 漢字		한국어	일어
加 可 假 價 家 歌 佳 架 稼 暇 嫁		가	か
관련단어	한자	한국어	일어
	加工	가공	かこう
	可決	가결	かけつ
	假說	가설	かせつ
	價格	가격	かかく
	家內	가내	かない
	歌曲	가곡	かきょく
	佳人	가인	かじん
	書架	서가	しょか
	稼動	가동	かどう
	休暇	휴가	きゅうか
	轉嫁	전가	てんか

(2) き(기)는 한글 초성자음 ㄱ과 중성 모음 ㅣ가 어울려서 "기"로 발음하는 일어문자이다.

同音語 漢字		한국어	일어
汽 紀 紀 起 基 寄 期 旗 器 機 技 氣 奇 棋 棄 騎 岐 欺 幾 祈 忌 飢 企 旣 崎 肌		기	き
관련단어	한자	한국어	일어
	汽笛	기적	きてき
	紀元	기원	きげん
	紀念	기념	きねん
	起立	기립	きりつ
	基金	기금	ききん
	寄生蟲	기생충	きせいちゅう
	期間	기간	きかん
	旗手	기수	きしゅ
	器材	기재	きざい
	機能	기능	きのう

	漢字	한국어	일어
관련단어	技士	기사	ぎし
	氣骨	기골	きこつ
	奇襲	기습	きしゅう
	棋士	기사	きし
	棄權	기권	きけん
	一騎當千	일기당천	いっきとうせん
	岐路	기로	きろ
	詐欺	사기	さぎ
	幾何學	기하학	きかがく
	祈願	기원	きがん
	忌中	기중	きちゅう
	飢餓	기아	きが
	企劃	기획	きかく
	旣存	기존	きそん
	崎嶇	기구	きく
	肌膚	기부	きふ

(3) く(구)는 한글 초성자음 ㄱ과 중성모음 ㅜ가 어울려서 "구"로 발음하는 일어문자이며 일부 "그"로 발음 하는 경향도 있으나 이론은 동일하다.

	同音語 漢字	한국어	일어
	區 句 具 驅	구	く(ぐ)
관련단어	한자	한국어	일어
	區分	구분	くぶん
	句點	구점	くてん
	具備	구비	ぐび
	驅除	구제	くじょ

(4) こ(고)는 한글 초성자음 ㄱ과 중성모음 ㅗ가 어울려서 "고"로 발음하는 일어문자이다.

同音語 漢字		한국어	일어
古 固 故 車 孤 顧 枯 鼓 雇		고	こ
관련단어	한자	한국어	일어
	古代	고대	こだい
	固有	고유	こゆう
	故國	고국	ここく
	車庫	차고	しゃこ
	孤高	고고	ここう
	顧問	고문	こもん
	枯死	고사	こし
	鼓笛	고적	こてき
	雇用	고용	こよう

2) 나행 동음어

나 니 누 네 노 (なにぬねの)

한글 초성자음 ㄴ과 중성모음 ㅏ ㅣ ㅜ ㅔ ㅗ로 어울려진 글자 나 니 누 네 노의 변형어 네를 제외한 동음어 나 니 누 노에 대하여 설명하고자 한다.

한글	일어 50 음자	
	음	글자
나	나	な
니	니	に
누	누	ぬ
노	노	の

(1) な(나)는 한글 초성자음 ㄴ과 중성모음 ㅏ가 어울려서 "나"로 발음하는 일어문자이다.

同音語 漢字			한국어	일어
那 奈			나	な
관련단어	한자	한국어	일어	
	那邊	나변	なへん	
	奈落	나락	ならく	

(2) に(니)는 한글 초성자음 ㄴ과 중성모음 ㅣ가 어울려서 "니"로 발음하는 일어문자이다.

同音語 漢字			한국어	일어
尼			니	に
관련단어	한자	한국어	일어	
	比丘尼	비구니	びくに	

(3) ぬ(누)는 한글 초성자음 ㄴ과 중성모음 ㅜ가 어울려서 "누"로 발음하는 일어문자이다.

(4) の(노)는 한글 초성자음 ㄴ과 중성모음 ㅗ가 어울려서 "노"로 발음하는 일어문자이다.

3) 다행 동음어

다 찌 쯔 데 도 (たちつてと)

한글 초성자음 ㄷ(ㅉ)과 중성모음 ㅏ ㅣ ㅜ ㅔ ㅗ로 어울려진 글자 다 찌 쯔 데 도의 변형어 데를 제외한 동음어 다 찌 쯔 도에 대하여 설명하겠다.

한글	일어 50 음자	
	음	글자
다	다	た
찌	찌	ち
쯔	쯔	つ
도	도	と

(1) た(다)는 한글 초성자음 ㄷ과 중성모음 ㅏ가 어울려서 "다"로 발음하는 일어문자이다.

同音語 漢字		한국어	일어
多		다	た
관련단어	한자	한국어	일어
	多大	다대	ただい

(2) ち(찌)는 한글 초성자음 ㅉ과 중성모음 ㅣ가 어울려서 "찌"로 발음하는 일어문자이다.

同音語 漢字		한국어	일어
地 知 遲		찌	ち
관련단어	한자	한국어	일어
	地番	지번	ちはん
	知覺	지각	ちかく
	遲延	지연	ちえん

(3) つ(쯔)는 한글 초성자음 ㅉ과 중성모음 ㅡ가 어울려서 "쯔"로 발음하는 일어문자이다.

(4) と(도)는 한글 초성자음 ㄷ과 중성모음 ㅗ가 어울려서 "도"로 발음하는 일어문자이다.

同音語 漢字		한국어	일어
徒 都 陶 途 盜 渡		도	と
관련단어	한자	한국어	일어
	徒步	도보	とほ
	都市	도시	とし
	陶器	도기	とうき
	途中	도중	とちゅう
	盜臟	도장	とそう
	渡河	도하	とか

4) 라행 동음어

라 리 루 레 로 (らりるれろ)

한글 초성자음 ㄹ과 중성모음 ㅏ ㅣ ㅜ ㅔ ㅗ로 어울려진 글자 라 리 루 레 로의 변형어 레를 제외한 동음어 라 리 루 로에 대하여 설명하겠다.

한글	일어 50음자	
	음	글자
라	라	ら
리	리	り
루	루	る
로	로	ろ

(1) ら(라)는 한글 초성자음 ㄹ과 중성모음 ㅏ가 어울려서 "라"로 발음하는 일어문자이다.

同音語 漢字		한국어	일어
羅		라	ら
관련단어	한자	한국어	일어
	羅列	나열	られつ

(2) り(리)는 한글 초성자음 ㄹ과 중성모음 ㅣ가 어울려서 "리"로 발음하는 일어문자이다.

同音語 漢字		한국어	일어
里利理痢吏履離		리	り
관련단어	한자	한국어	일어
	鄕里	향리	きょうり
	利得	리득	りとく
	理工	리공	りこう
	下痢	하리	げり
	管吏	관리	かんり
	履行	이행	りこう
	離陸	이륙	りりく

(3) る(루)는 한글 초성자음 ㄹ과 중성모음 ㅜ가 어울려서 "루"로 발음하는 일어문자이다.

(4) ろ(로)는 한글 초성자음 ㄹ과 중성모음 ㅗ가 어울려서 "로"로 발음하는 일어문자이다.

	同音語 漢字		한국어	일어
	路 露 爐		로	ろ
관련단어	한자	한국어	일어	
	路肩	로견	ろかた	
	露出	노출	ろしゅつ	
	爐端	로단	ろばた	

5) 마행 동음어

마 미 무 메 모 (まみむめも)

한글 초성자음 ㅁ과 중성모음 ㅏ ㅣ ㅜ ㅔ ㅗ로 어울려진 글자 마 미 무 메 모의 변형어 메를 제외한 동음어 마 미 무 모에 대하여 설명하겠다.

한글	일어 50음자	
	음	글자
마	마	ま
미	미	み
무	무	む
모	모	も

(1) ま(마)는 한글 초성자음 ㅁ과 중성모음 ㅏ가 어울려서 "마"로 발음하는 일어문자이다.

	同音語 漢字		한국어	일어
	多		다	た
관련단어	한자	한국어	일어	
	摩擦	마찰	まさつ	
	魔法	마법	まほう	

관련단어	麻醉	마취	ますい
	研磨	연마	けんま

(2) み(미)는 한글 초성자음 ㅁ과 중성모음 ㅣ가 어울려서 "미"로 발음하는 일어문자 み(미)이다.

	同音語 漢字		한국어	일어
	未 味		미	み
관련단어	한자	한국어	일어	
	未納	미납	みのう	
	味覺	미각	みかく	

(3) む(무)는 한글 초성자음 ㅁ과 중성모음 ㅜ가 어울려서 "무"로 발음하는 일어문자이다.

	同音語 漢字		한국어	일어
	務 無 霧		무	む
관련단어	한자	한국어	일어	
	公務	공무	こうむ	
	無料	무료	むりょう	
	霧笛	무적	むてき	

(4) も(모)는 한글 초성자음 ㅁ과 중성모음 ㅗ가 어울려서 "모"로 발음하는 일어문자이다.

	同音語 漢字		한국어	일어
	模		모	も
관련단어	한자	한국어	일어	
	模倣	모방	もほう	

6) 사행 동음어

사 시 수 세 소 (さ し す せ そ)

한글 초성자음 ㅅ과 중성모음 ㅏ ㅣ ㅜ ㅔ ㅗ로 어울려진 글자 사 시 수 세 소의 변형어 세를 제외한 동음어 사 시 수 소에 대해 설명하겠다.

한글	일어 50음자	
	음	글자
사	사	さ
시	시	し
수	수	す
소	소	そ

(1) さ(사)는 한글 초성자음 ㅅ과 중성모음 ㅏ가 어울려서 "사"로 발음하는 일어문자이다.

同音語 漢字			한국어	일어
査 砂 詐 唆			사	さ
관련단어	한자	한국어	일어	
	査問	사문	さもん	
	砂防	사방	さぼう	
	詐欺	사기	さぎ	
	教唆	교사	きょうさ	

(2) し(시)는 한글 초성자음 ㅅ과 중성모음 ㅣ가 어울려서 "시"로 발음하는 일어문자이다.

同音語 漢字			한국어	일어
市 始 視 詩 試 示 時 侍 施			시	し
관련단어	한자	한국어	일어	
	市內	시내	しない	
	始終	시종	しじゅう	
	視界	시계	しかい	
	詩稿	시고	しこう	
	試食	시식	ししょく	

관련단어	示教	시교	しきょう
	時報	시보	じほう
	侍醫	시의	じい
	施設	시설	しせつ

(3) す(스)는 한글 초성자음 ㅅ과 중성모음 ㅡ가 어울려서 "스"로 발음하는 일어문자이다.

(4) そ(소)는 한글 초성자음 ㅅ과 중성모음 ㅗ가 어울려서 "소"로 발음하는 일어문자 そ(소)이다.

	同音語 漢字	한국어	일어
	素 塑 訴 疎	소	そ

	한자	한국어	일어
관련단어	素服	소복	そふく
	塑像	소상	そぞう
	訴狀	소장	そじょう
	疎遠	소원	そえん

7) 아행 동음어

아 이 우 에 오 (あいうえお)

한글 초성자음 ㅇ과 중성모음 ㅏ ㅣ ㅜ ㅔ ㅗ로 어울려진 글자 아 이 우 에 오의 변형어 에를 제외한 동음어 아 이 우 오에 대하여 설명하겠다.

한글	일어 50음자	
	음	글자
아	아	あ
이	이	い
우	우	う
오	오	お

(1) あ(아)는 한글 초성자음 ㅇ과 중성모음 ㅏ가 어울려서 "아"로 발음하는 일어문자이다.

同音語 漢字		한국어	일어
亞		아	あ
관련단어	한자	한국어	일어
	亞熱帶	아열대	あねったい

(2) い(이)는 한글 초성자음 ㅇ과 중성모음 ㅣ가 어울려서 "이"로 발음하는 일어문자이다.

同音語 漢字		한국어	일어
以 移 異		이	い
관련단어	한자	한국어	일어
	以外	이외	いがい
	移動	이동	いどう
	異議	이의	いぎ

(3) う(우)는 한글 초성자음 ㅇ과 중성모음 ㅜ가 어울려서 "우"로 발음하는 일어문자이다.

同音語 漢字		한국어	일어
羽 宇		우	う
관련단어	한자	한국어	일어
	羽毛	우모	うのう
	宇內	우내	うだい

(4) お(오)는 한글 초성자음 ㅇ과 중성모음 ㅗ가 어울려서 "오"로 발음하는 일어문자이다.

同音語 漢字		한국어	일어
汚		오	お
관련단어	한자	한국어	일어
	汚染	오염	おせん

8)

야유요와오 (やゆよわを)

(1) や(야)는 한글 초성자음 ㅇ과 중성모음 ㅑ가 어울려서 "야"로 발음하는 일어문자이다.

	同音語 漢字		한국어	일어
	夜 野		야	や
관련단어	한자	한국어	일어	
	夜勤	야근	やまん	
	野望	야망	やぼう	

(2) ゆ(유)는 한글 초성자음 ㅇ과 중성모음 ㅠ가 어울려서 "유"로 발음하는 일어문자이다.

	同音語 漢字		한국어	일어
	油 愉 癒 諭		유	ゆ
관련단어	한자	한국어	일어	
	油壓	유압	ゆあつ	
	愉快	유쾌	ゆかい	
	癒着	유착	ゆちゃく	
	敎誘	교유	きょうゆ	

(3) よ(요)는 한글 초성자음 ㅇ과 중성모음 ㅛ가 어울려서 "요"로 발음하는 일어문자이다.

	同音語 漢字		한국어	일어
	要 曜 謠 腰 搖 窯		요	よ(よう)
관련단어	한자	한국어	일어	
	要領	요령	ようりょう	
	日曜	일요	にちよう	
	歌謠	가요	かよう	
	腰痛	요통	ようつう	
	動搖	동요	どうよう	
	要元	요원	かまもと	

(4) わ(와)는 한글 초성자음 ㅇ과 중성모음 ㅘ가 어울려서 "와"로 발음하는 일어문자이다.

(5) を(오)는 한글 초성자음 ㅇ과 중성모음 ㅗ가 어울려서 "오"로 발음하는 일어문자이다.

Part IV

한글과 일어 50음자와 한자의 변형어

1. 변형어

  1) 초성 변형어

    (1) 초성자음 ㅂ의 변형

    (2) 초성자음 ㅍ의 변형

    (3) 초성자음 ㅎ의 변형

  2) 중성 변형어

    (1) ㅓ, ㅕ는 ㅔ음으로 변형

    (2) ㅐ는 ㅏ, ㅣ로 변형

  3) 종성 변형어

    (1) 받침어

        ① 한글받침 ㄱ음자의 변형 ② 한글받침 ㄹ음자의 변형

        ③ 한글받침 ㅂ음자의 변형 ④ 한글받침 ㅇ음자의 변형

    (2) 받침음

        ① 한글받침 ㄴ, ㅁ음자의 변형

1. 변형어 變形語

일어 50음자 생성과정에서 한글의 초성자음,중성모음 종성자음 중에서 일부 또는 전부 변형되어 발음되는 일어 50음자를 변형어라 하였다. 변형어에는 초성변형어, 중성변형어 및 받침변형어 즉 받침어의 세가지 형태로 구분되어 진다.
변형어 해독순서로는 첫 번째, 초성자음 변형여부 판독 두 번째, 중성모음 변형여부 판독 세 번째, 종성자음(한글 받침음)의 변형어 여부를 판독하고 해당 변형 내용을 순서대로 적용시켜 읽는다.

1 다만 변형어 중에서 50음자가 만들어질 시기에 한글이나 일어 50음자가 공히 ㅅ,ㅈ,ㅊ음으로 세분되지 않은 상태에서 일어 50음자가 만들어진 것으로 보인다. 현재의 한글 초성자음 ㅅ,ㅈ,ㅊ음은 ㅅ또는ㅈ,ㅊ음 범위 내에서 편의에 따라 선택하여 표현하고 있다는 점을 유의하고 이 책에서는 따로 설명하지 않기로 하겠다.

2 위와 같은 이유로 초성자음 ㄱ·ㅋ, ㄷ·ㅌ도 세분되지 않은 ㄱ,ㄷ음으로 발음하고 있다.

1) 초성변형어 (初聲變形語)

한글초성자음이 일어 50음자의 초성에서 한글과 동음이 아닌 다른 초성의 음(자)를 써서 만들어진 글자를 초성변형어라 하였다

(1) 初聲 자음 ㅂ음의 변형
한글 초성자음인 ㅂ음이 일어 50음자에서 ㅎ음으로 변형되었다

• (ㅂ→ㅎ) 表

한글	일어 50음자	
	음	글자
바	하	は
비	히	ひ
부	후	ふ
보	호	ほ

이해를 돕기위해서 한글초성 ㅂ이 ㅎ으로 변형하고 중성 ㅣ는 동음인 히로 변한 내용을 도

표로 표시하였다.

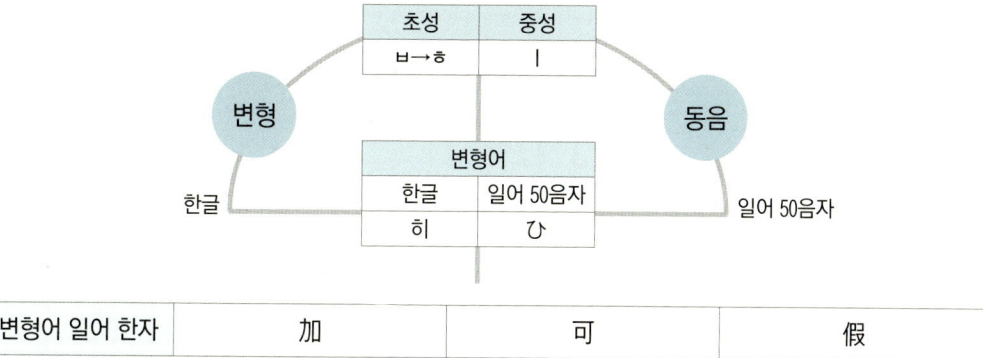

변형어 일어 한자	加	可	假

① 초성자음 ㅂ변형어 한자

한글	일어 50음자	
	음	한자
바	하	
비	히	比 批 肥 菲 飛 祕 悲 費 備 鼻 碑 妃 卑
부	후	父 夫 付 負 婦 富 部 符 膚 附 扶 賦 附 浮 赴 腐 敷
보	호	步 保 補

② ㅂ음의 변형과정

한글		변형과정		일어 50음자
박	학	하ㄱ❶	はく	はく
반	한	하ㄴ	はん	はん
발	할	하ㄹ❷	はつ	はつ
방	항	하ㅇ	はう	はう
배	해	하이	はい	はい
백	핵	하이ㄱ	はいく	はく
번	헌	하ㄴ	はん	はん
벌	헐	하ㄹ	はつ	はつ
범	험	하ㅁ	はん	はん
법	헙	하ㅂ	ほう	ほう

벽	혁	헤ㄱ	ヘき	へき
변	현	헤ㄴ❸	ハん	はん
별	혈	헤ㄹ❹	ヘつ	へつ
병	형	헤ㅇ	ヘい	へい
보	호	호	ホ	ほ
복	혹	호ㄱ	ホく	ほく
본	혼	호ㄴ	ホん	ほん
봉	홍	호ㅇ	ホう	ほう
부	후	후	フ	ふ
분	훈	후ㄴ	フん	ふん
불	훌	후ㄹ❺	フつ	ふつ
붕	훙	후ㅇ	フう	ふう
비	히	히	ヒ	ひ
빈	힌	히ㄴ	ヒん	ひん
빙	힝	히ㅇ	ヒう	ひう

| 해설 |

❶ '박'에서 초성 ㅂ음은 ㅎ음으로 변형, 중성 ㅏ음은 동음, 종성 ㄱ음은 받침어 구로 변형. 즉, 박→하, 구→はく로 변형.

❷ '발'에서 초성 ㅂ음은 ㅎ음으로 변형, 중성 ㅏ음은 동음, 종성 ㄹ음은 받침어 쯔로 변형. 즉, 발→하, 쯔→はつ로 변형.

❸ '변'에서 초성 ㅂ음은 ㅎ음으로 변형, 중성 ㅕ음은 ㅔ음으로 중성대체, 종성 ㄴ음은 동음의 받침음 ㄴ으로 변형. 즉, 변→헤, ㄴ→헨→へん으로 변형.

❹ '별'에서 초성 ㅂ음은 ㅎ음으로 변형, 중성 ㅕ음은 ㅔ음으로 중성대체, 종성 ㄹ음은 받침어 쯔로 변형. 즉, 발→헤, 쯔→ぺつ로 변형.

❺ '불'에서 초성 ㅂ음은 ㅎ음으로 변형, 중성 ㅜ음은 동음, 종성 ㄹ음은 받침어 쯔로 변형. 즉, 불→후, 쯔→ぶつ로 변형.

③ 관련단어

• 박 → 하구 = はく 변형

박　博舶薄迫泊拍縛打朴		
한자	한국어	일어
博士	박사	はくし
薄才	박재	はくさい
輕薄	경박	けいはく
迫力	박력	はくりょく
外泊	외박	がいはく
拍手	박수	はくしゅ
束縛	속박	そくばく
打撲	타박	だぼく
素朴	소박	そぼく

• 반 → 한 = はん 변형

반　反半班飯搬般畔頒盤返伴		
한자	한국어	일어
反對	반대	はんたい
半價	반가	はんか
班長	반장	はんちょう
飯場	반장	はんば
搬出	반출	はんしゅつ
諸般	제반	しょはん
湖畔	호반	こはん
頒布	반포	はんぷ
同伴	동반	どうはん
基盤	기반	きばん
返送	반송	へんそう

• 발 → 하쯔 = はつ로 변형

발 發 鉢 髮 拔		
한자	한국어	일어
發刊	발간	はっかん
托鉢	탁발	たくはつ
理髮	이발	りはつ
選拔	선발	せんばつ

• 방 → 호우 = ほう로 변형

방 方 放 訪 芳 倣 防 邦 肪 傍 妨 紡 房 坊		
한자	한국어	일어
方向	방향	ほうこう
放送	방송	ほうそう
訪問	방문	ほうもん
芳命	방명	ほうめい
模倣	모방	もほう
防水	방수	ぼうせい
蓮邦	연방	れんぽう
脂肪	지방	しぼう
傍觀	방관	ぼうかん
妨害	방해	ほうがん
紡績	방적	ぼうせき
暖房	난방	だんぼう
坊主	방주	ぼうず

• 배 → 하이 = はい로 변형

배 拜 背 配 俳 輩 排 賠 杯 倍 陪 培		
한자	한국어	일어
拜見	배견	はいけん
背面	배면	はいめん
配當	배당	はいとう

한자	한국어	일어
俳優	배우	はいゆう
輩出	배출	はいしゅつ
排除	배제	はいじょ
賠償	배상	ばいしょう
祝杯	축배	しゅくはい
倍加	배가	ばいか
陪審	배심	はいしん
培養	배양	はいよう

• 백 → 하구 = はく로 변형

백 白 伯 百		
한자	한국어	일어
白衣	백의	はくい
伯仲	백중	はくちゅう
百年	백년	ひゃくねん

• 번 → 한 = はん로 변형

번 繁 落 煩 番 飜		
한자	한국어	일어
繁英	번영	はんえい
藩主	번주	はんしゅ
煩雜	번잡	はんざつ
番地	번지	ばんち
飜譯	번역	ほんやく

• 벌 → 허쯔 = ばつ로 변형

벌 伐 閥 罰		
한자	한국어	일어
討伐	토벌	とうばつ
學閥	학벌	がくばつ
罰則	벌칙	ばっそく

- 범 → 한 = はん로 변형

범 犯 範 帆 凡		
한자	한국어	일어
犯罪	범죄	はんざい
規範	규범	きはん
出帆	출범	しゅっぱん
凡人	범인	ばんじん

- 법 → 호우 = ほう로 변형

법 法		
한자	한국어	일어
法規	법규	ほうき

- 벽 → 헤기 = へき로 변형

벽 壁 癖		
한자	한국어	일어
壁畫	벽화	へきが
盜癖	도벽	とうへき

- 변 → 헨 = へん로 변형

변 邊 變 辨		
한자	한국어	일어
海邊	해변	かいへん
變質	변질	へんしつ
辯護士	변호사	べんごし

- 별 → 헤쯔 = べつ로 변형

별 別		
한자	한국어	일어
別名	별명	べつめい

- 병 → 효우 = びょう

- 병 → 헤이 = へい로 변형

병 病 兵 竝 丙 併 屛 甁 柄		
한자	한국어	일어
病室	병실	びょうしつ
病名	병명	へいえい
竝行	병행	へいこう
病狀	병상	びょうじょう
丙夜	병야	へいや
併用	병용	へいよう
石屛	석병	いしべい
花甁	화병	かびん

- 보 → 호 = ほ = ほう로 변형

보 寶 報 步 保 補 普 譜		
한자	한국어	일어
寶庫	보고	ほうこ
報道	보도	ほうどう
步行	보행	ほこう
保健	보건	ほけん
補助	보조	ほじょ
普及	보급	ふきゅう
棋譜	기보	きふ

- 복 → 후그 = ふく로 변형

복 服 福 腹 複 覆 伏 僕		
한자	한국어	일어
服務	복무	ふくむ

福德	복덕	ふくとく
腹痛	복통	ふくつう
複利	복리	ふくり
覆面	복면	ふくめん
起伏	기복	きふく
公僕	공복	こうぼく

- 본 → 혼 = ほん로 변형

본本		
한자	한국어	일어
本宅	본댁	ほんたく

- 봉 → 호우 = ほう로 변형

봉 封 俸 縫 奉 棒 蜂		
한자	한국어	일어
封土	봉토	ほうど
俸給	봉급	ほうきゅう
裁縫	재봉	さいほう
奉仕	봉사	ほうし
奉呈	봉정	ほうてい
連峰	연봉	れんぽう

- 부 → 후 = ふ로 변형

부 否 父 付 府 負 婦 富 符 扶 賦 附 浮 赴 腐 敷 夫 部 副 復 膚 簿 剖		
한자	한국어	일어
父子	부자	ふし
付着	부착	ふちゃく
府縣	부현	ふけん
負傷	부상	ふしょう
婦女	부녀	ふじょ
富農	부농	ふのう

符號	부호	ふごう
扶助	부조	ふじょ
賦存	부존	ふそん
寄附	기부	きふ
浮上	부상	ふじょう
赴任	부임	ふにん
腐敗	부패	ふはい
敷設	부설	ふせつ
夫婦	부부	ふうふ
部長	부장	ぶちょう
副賞	부상	ふくしょう
復活	부활	ふっかつ
完膚	완부	かんぶ
名簿	명부	めいぼ
解剖	해부	かいぼう
否決	부결	ひけつ

• 북 → 호구 = ほく로 변형

북 北		
한자	한국어	일어
北歐	북구	ほくおう

• 분 → 훈 = ふん로 변형

분 紛 奮 墳 雰 憤 噴 紛 分 奔 盆		
한자	한국어	일어
紛失	분실	ふんしつ
奮發	분발	ふんばつ
墳墓	분묘	ふんぼ
雰圍氣	분위기	ふんいき
憤慨	분개	ふんがい
噴火	분화	ふんか

內紛	내분	ないふん
分明	분명	ぶんめい
奔流	분류	ほんりゅう
舊盆	구분	きゅうぼん

• 불 → 훌 = ぶつ로 변형

불 佛 不 拂		
한자	한국어	일어
佛典	불전	ぶってん
不利	불리	ふり
拂拭	불식	ぶっしょく

• 붕 → 후우 → 호우 = ほう로 변형

붕 棚 崩		
한자	한국어	일어
陸棚	륙붕	りくほう
崩壞	붕괴	ほうかい

• 비 → 히 = ひ로 변형

비 比 批 肥 非 飛 緋 悲 費 碑 妃 卑 備 鼻 沸		
한자	한국어	일어
比重	비중	ひじゅう
批准	비준	ひじゅん
肥大	비대	ひだい
非難	비난	ひなん
飛報	비보	ひぼう
祕密	비밀	ひみつ
悲觀	비관	ひかん
費用	비용	ひよう
碑文	비문	ひぶん
王妃	왕비	おうひ

卑劣	비열	ひれつ
備考	비고	びこう
鼻孔	비공	ひこう
沸騰	비등	ふつとう

• 빈 → 힌 = ひん로 변형

빈 貧 賓 頻		
한자	한국어	일어
貧血	빈혈	ひんけつ
來賓	내빈	らいひん
頻度	빈도	ひんど

• 빙 → 히우 → 효우 = ひょう로 변형

빙 氷		
한자	한국어	일어
氷河	빙하	ひょうが

(2) 初聲 자음 ㅍ음의 변형

한글 초성자음인 ㅍ음이 일어 50음자에서 ㅎ음으로 변형되었다.

• (ㅍ→ㅎ) 表

한글	일어 50 음자	
	음	글자
파	하	は
피	히	ひ
푸	후	ふ
포	호	ほ

① 초성자음 ㅍ 변형어 한자

한글	일어 50 음자	
	음	한자
파	하	波 派 破 把 婆
피	히	皮 被 彼 被 避 疲
페	헤	陛 閉 幣 弊
포	호	包 鋪 浦 捕 胞 砲 飽 泡 抛 褒

② ㅍ음의 변형과정

한글	변형과정			일어 50 음자
파	하		하	は
판	한	하ㄴ❶	한	はん
팔	할	하ㄹ	하つ	はつ
패	해	하이❷	하이	はい
편	현	헤ㄴ	헨	へん
폄	혐	헤ㅁ	헨	へん
평	형	헤ㅇ	헤い	へい
폐	해	하이❸	하이	はい
포	호	호우❹	호う	ほう
폭	혹	호ㄱ	호く	ほく
표	효	효우	효う	ひょう
품	히	히ㅁ	힌	ひん
풍	훙	후ㅇ	후う	ふう
피	히	히	히	ひ
필	힐	히ㄹ❺	히つ	ひつ
핍	힙	히ㅂ	히う	ひう

| 해설 |

❶ 판에서 초성 ㅍ음은 ㅎ음으로 변형, 중성 ㅏ음은 동음, 종성 ㄴ음은 동음의 받침음 ㄴ으로 변형. 즉, 판→한→はん로 변형.

❷ 패에서 초성 ㅍ음은 ㅎ음으로 변형, 중성 ㅐ→ㅏ, ㅣ로 동음. 즉, 패→하, 이→はい로 변형.

❸ 폐에서 초성 ㅍ음은 ㅎ음으로 변형, 중성 ㅖ음은 ㅔ, ㅣ로 변형. 즉, 폐→헤이→へい으로 변형.

❹ 포에서 초성 ㅍ음은 ㅎ음으로 변형, 중성 ㅗ음은 동음. 즉, 포→호우→ほう로 변형.

❺ 필에서 초성 ㅍ음은 ㅎ음으로 변형, 중성 ㅣ음은 동음, 종성 ㄹ음은 받침어 쯔로 변형. 즉, 필→힐→히쯔→ひつ로 변형.

③ 관련단어

• 파 → 하 = は로 변형

파 波 派 破 把 婆		
한자	한국어	일어
波紋	파문	はもん
派遣	파견	はけん
破局	파국	はきょく
産婆	산파	さんば
把握	파악	はあく

• 판 → 한 = はん로 변형

판 判 板 版 販		
한자	한국어	일어
判決	판결	はんけつ
板木	판목	はんぎ
板權	판권	はんけん
販賣	판매	はんばい

• 패 → 하이 = はい

패 敗 覇		
한자	한국어	일어
敗訴	패소	はいそ
覇權	패권	はけん

• 편 → 헨 = へん로 변형

편 片 編 遍 偏 便		
한자	한국어	일어
片鱗	편린	へんりん
編修	편수	へんしゅう
編曆	편력	へんれき
偏見	편견	へんけん
便宜	편의	べんぎ

• 평 → 효우 = ひょう로 변형

평 評 平		
한자	한국어	일어
評價	평가	ひょうか
平等	평등	びょうどう

• 폐 → 헤이 = へい로 변형

폐 陛 閉 弊 肺 廢 幣		
한자	한국어	일어
陛下	폐하	へいか
閉幕	폐막	へいまく
弊害	폐해	へいがい
貨幣	화폐	かへい
肺病	폐병	はいびょう
閉止	폐지	はいし

• 포 → 호우 = ほう로 변형

포 (包 胞 砲 飽 泡 捕 褒 布 怖 鋪 浦 抛)		
한자	한국어	일어
包容	포용	ほうよう
胞子	포자	ほうし
砲火	포화	ほうか
飽食	포식	ほうしょく
起泡	기포	きほう
抱負	포부	ほうふ
褒賞	포상	ほうしょう
蒲團	포단	ふとん
恐怖	공포	きょうふ
鋪裝	포장	ほそう
曲浦	곡포	きょくほ
捕手	포수	ほしゅ

• 폭 → 호구 = ぼう, ばく, ふく로 변형

폭 (暴 爆 幅)		
한자	한국어	일어
暴發	폭발	ほうはつ
爆破	폭파	ばくは
幅員	폭원	ふくいん

• · 표 → 효우 = ひょう로 변형

표 (表 俵 票 標 漂)		
한자	한국어	일어
表決	표결	ひょうけつ
俵	표	ひょう
漂典	표전	ひょうでん
標準	표준	ひょうじゅん
漂流	표류	ひょうりゅう

• 품 → 훔 → ひん로 변형

품(品)		
한자	한국어	일어
品性	품성	ひんせい

• 풍 → 후우 = ふう로 변형

풍(風 豊)		
한자	한국어	일어
風紋	풍문	ふうもん
豊年	풍년	ほうれん

• 피 → 히 = ひ로 변형

피(皮 披 彼 被 避 疲)		
한자	한국어	일어
皮膚	피부	ひふ
披露	피로	ひろう
彼岸	피안	ひがん
被害	피해	ひがい
避難	피난	ひなん
疲弊	피폐	ひへい

• 필 → 히쯔 = ひつ로 변형

필(必 筆 匹 泌)		
한자	한국어	일어
必見	필견	ひっけん
筆談	필담	ひつだん
匹敵	필적	ひってき
分泌	분필	ぶんぴつ

(3) 初聲 자음 ㅎ음의 변형

한글 초성자음인 ㅎ음이 일어 50음자에서 ㄱ음으로 변형되었다.

• (ㅎ → ㄱ) 表

한글	일어 50 음자	
	음	글자
하	가	か
히	기	き
후	구	く
헤	게	け
호	고	こ

① 초성자음 ㅎ 변형어 한자

한글	일어 50 음자	
	음	한자
하	가	下 河 賀 火 化 貨 畫
히	기	希 喜 揮 輝 戲
후	구	-
헤	게	惠
호	고	戶 呼 湖 好 弧 護 號 互 豪

② ㅍ음의 변형과정

한글	변형과정			일어 50 음자
하	가❶		가	か
학	각	가ㄱ	가く	かく
한	간	가ㄴ	가ん	かん
할	갈❷	가ㄹ	가つ	かつ
함	감	가ㅁ	가ん	かん
합	곱	고우	고우	こう
항	공	고우	고우	こう
해	가이	가이	かい	かい
핵	객	가이ㄱ	가く	かく
행	갱	가이ㅇ	고う, 규う	こうきゅう

향	걍	걍이ㅇ	고う, 규う	こうきゅう
허	게	게	교	きょ
헌	겐	게ㄴ	게ん	けん
험	겜	게ㅁ	게ん	けん
혁	☐	게ㄱ	게く	かく
현	겐❸	게ㄴ	게ん	けん
혈	겔	게ㄹ	게つ	けつ
혐	겜	게ㅁ	게ん	けん
협	굡	교ㅂ	교う	きょう
형	겡	게ㅇ	게い	けい
혜	계	게이	게い	けい
호	고		고	こ
혹	곡	고ㅜ	고く	こく
혼	곤	고ㄴ	고ん	こん
홀	골	고ㄹ	고つ	こつ
홍	공❹	고ㅇ	고う	こう
화	가		가	か
확	각	가ㄱ	가く	かく
환	간	가ㄴ	가ん	かん
활	갈	가ㄹ	가つ	かつ
황	강	가ㅇ	고う	こう
회	가이		가い	かい
획	가이ㄱ	가ㄱ	가く	かく
횡	굉	고-ㅇ	오う	おう
효	교		고う	こう
후	구		고う	こう
훈	군	구ㄴ	구ん	くん
훙	궁	구ㅇ	구う	こう
훤	겐	게ㄴ	게ん	けん
훼	게		게	き

휘	기			기	き
휴	규			규	きゅう
흉	▢	규ㅇ		규우	きゅう
흑	극	그ㄱ		고く	こく
흔	근	기ㄴ		기ん	きん
흘	글	기ㄹ		기つ	きつ
흠	금	기ㅁ		게ん	けん
흡	급	그ㅂ		규우	きゅう
흥	긍❺	그우		고우	こう
희	기			기	き
힐	길	기ㄹ		기つ	きつ

| 해설 |

❶ 하에서 초성 ㅎ음은 ㄱ음으로 변형, 중성 ㅏ음은 동음. 즉, 하→가→か로 변형.

❷ 할에서 초성 ㅎ음은 ㄱ음으로 변형, 중성 ㅏ음은 동음. 종성 ㄹ음은 받침어 쯔로 변형. 즉, 할→갈→가쯔→かつ로 변형.

❸ 현에서 초성 ㅎ음은 ㄱ음으로 변형, 중성 ㅕ음은 에로 대체변형. 종성 ㄴ음은 동음의 받침음 ㄴ으로 변형. 즉, 현→겐→けん으로 변형.

❹ 홍에서 초성 ㅎ음은 ㄱ음으로 변형, 중성 ㅗ음은 동음. 종성 ㅇ음은 받침어 우로 변형. 즉, 홍→고,우→こう로 변형.

❺ 흥에서 초성 ㅎ음은 ㄱ음으로 변형, 중성 ㅡ음은 동음. 중성 ㅇ음은 받침어 우로 변형. 즉, 흥→그우→고우→こう로 변형.

• 하 → 가 = か로 변형

하 下 河 賀		
한자	한국어	일어
下流	하류	かりゅう
河川	하천	かせん
賀詞	하사	がし

• 학 → 가구 = がく로 변형

학 學 虐		
한자	한국어	일어
學生	학생	がくせい
虐殺	학살	ぎゃくさつ

• 한 → 간 = かん로 변형

한 寒 漢 閑 限 恨		
한자	한국어	일어
寒氣	한기	かんき
漢文	한문	かんぶん
閑散	한산	かんさん
限界	한계	げんかい
痛恨	통한	つうこん

• 할 → 가쯔 = かつ로 변형

할 割 轄		
한자	한국어	일어
分割	분할	ぶんかつ
管轄	관할	かんかつ

• 함 → 간 = かん로 변형

함 艦 陷 含		
한자	한국어	일어
艦船	함선	かんせん
陷落	함락	かんらく
含有	함유	がんゆう

• 합 → 가우 → 고우 = ごう로 변형

합 合		
한자	한국어	일어
合格	합격	ごうかく

• 항 → 기우 → 고우 = こう로 변형

항 航 港 恒 抗 項		
한자	한국어	일어
航空	항공	こうくう
港口	항구	こうこう
恒常	항상	こうじょう
反抗	반항	はんこう
項目	항목	こうもく

• 해 → 가이 = かい로 변형

해 海 解 害 該		
한자	한국어	일어
海軍	해군	かいぐん
解決	해결	かいけつ
害毒	해독	かいどく
該當	해당	かいとう

• 핵 → 가구 = かく로 변형

핵 核 劾		
한자	한국어	일어
核心	핵심	かくしん
彈劾	탄핵	だんがい

• 행 → 고우 = こう로 변형

행 行 幸		
한자	한국어	일어
行動	행동	こうどう
幸福	행복	こうふく

• 향 → こう(きょう)로 변형

향 鄕 向 享 響 香		
한자	한국어	일어
鄕愁	향수	きょうしゅう
向學	향학	こうがく
享受	향수	きょうじゅ
音響	음향	おんきょう
香料	향료	こうりょう

• 허 → 거 = きょ로 변형

허 許 虛		
한자	한국어	일어
許容	허용	きょよう
虛空	허공	きょくう

• 헌 → 겐 = けん로 변형

헌 憲 獻 獻		
한자	한국어	일어
憲法	헌법	けんぼう
獻上	헌상	けんじょう
獻燈	헌등	けんとう

• 험 → 겐 = けん로 변형

험 險 險		
한자	한국어	일어
險路	험로	けんろ
驗算	험산	けんざん

• 혁 → 가구 = かく로 변형

혁 革 赫		
한자	한국어	일어
革命	혁명	かくめい

威口	위혁	いかく

• 현 → けん로 변형

현 縣 顯 賢 懸 現 玄 絃		
한자	한국어	일어
縣警	현경	けんけい
懸在	현재	けんざい
賢明	현명	けんめい
顯賞	현상	けんしょう
現價	현가	げんか
玄米	현미	げんまい
管絃	관현	かんげん

• 혈 → げつ = けつ로 변형

혈 血		
한자	한국어	일어
血管	혈관	けっかん

• 혐 → げん = けん로 변형

혐 嫌		
한자	한국어	일어
嫌疑	혐의	けんぎ
沸騰	비등	ふつとう

• 협 → 겹 → 고우 = きょう로 변형

협 協 峽 脅 狹 挾		
한자	한국어	일어
協同	협동	きょうどう
峽谷	협곡	きょうこく
脅迫	협박	きょうはく
挾軌	협궤	きょうき
挾擊	협격	はさみうち

• 형 → 게이 = けい로 변형

형 型 刑 螢 衡 兄		
한자	한국어	일어
型式	형식	けいしき
刑罰	형벌	けいばつ
螢雪	형설	けいせつ
平衡	평형	へいこう
兄弟	형제	きょうだい

• 혜 → 게이 = けい로 변형

혜 惠		
한자	한국어	일어
恩惠	은혜	おんけい

• 호 → 고 = こ, こう로 변형

호 戶 呼 湖 護 好 號 互 弧 豪		
한자	한국어	일어
戶口	호구	ここう
呼稱	호칭	こしょう
湖岸	호안	こがん
弧狀	호상	こじょう
好感	호감	こうかん
護國	호국	ごこく
號令	호령	ごうれい
互角	호각	ごかく
豪族	호족	ごうぞく

• 혹 → 고구 = こく로 변형

혹 酷		
한자	한국어	일어
酷使	혹사	こくし

• 혼 → 곤 = こん로 변형

혼 混 婚 魂		
한자	한국어	일어
混合	혼합	こんごう
婚約	혼약	こんやく
魂膽	혼담	こんたん

• 홍 → 고우 = こう로 변형

홍 紅 洪		
한자	한국어	일어
紅彩	홍채	こうさい
洪水	홍수	こうずい

• 화 → 가 = か로 변형

화 火 化 貨 禍 靴 畵 華		
한자	한국어	일어
火氣	화기	かき
化石	화석	かせき
貨財	화재	かざい
禍根	화근	かこん
軍靴	군화	ぐんか
畵工	화공	がこう
榮華	영화	えいが

• 확 → 가구 = かく로 변형

확 擴 確 穫		
한자	한국어	일어
擴大	확대	かくだい
確實	확실	かくじつ
收穫	수확	しゅうかく

• 환 → 간 = かん로 변형

환 歡 還 喚 換 環 患		
한자	한국어	일어
歡聲	환성	かんせい
還元	환원	かんげん
喚起	환기	かんき
換算	환산	かんさん
環境	환경	かんきょう
患者	환자	かんじゃ

• 활 → 가쯔 = かつ로 변형

활 活 滑		
한자	한국어	일어
活路	활로	かつろ
滑降	활강	かっこう

• 황 → 고우 = こう로 변형

황 皇 黃 況 荒 慌		
한자	한국어	일어
皇帝	황제	こうてい
黃道	황도	こうどう
荒天	황천	こうてん
恐惶	공황	きょうこう
近況	근황	きんきょう

• 회 → 고이 → 가이 = かい로 변형

회 回 會 悔 懷		
한자	한국어	일어
回顧	회고	かいこ
會談	회담	かいだん
悔恨	회한	かいこん
述懷	술회	じゅっかい

• 효 → 고우 = こう로 변형

효 孝 效 曉 酵		
한자	한국어	일어
孝心	효심	こうしん
效力	효력	こうりょく
發效	발효	はっこう
曉天	효천	ぎょうてん

• 후 → 고우 = こう로 변형

후 後 后 厚 候 朽 候		
한자	한국어	일어
後見	후견	こうけん
后土	후토	こうど
厚生	후생	こうせい
候補	후보	こうほ
不朽	불후	ふきゅう
侯爵	후작	こうしゅく

• 훈 → 군 = くん로 변형

훈 訓 勳 薰		
한자	한국어	일어
訓戒	훈계	くんかい
勳章	훈장	くんしょう
薰風	훈풍	くんぶう

• 휘 → 기 = き로 변형

휘 揮 輝		
한자	한국어	일어
揮發	휘발	きはつ
光輝	광휘	こうき

• 휴 → 규우 = きゅう로 변형

휴 休		
한자	한국어	일어
休講	휴강	きゅうこう

• 흉 → 규우 = きょう로 변형

흉 胸 凶		
한자	한국어	일어
胸部	흉부	きょうぶ
凶作	흉작	きょうさく

• 흑 → 고구 = こく로 변형

흑 黑		
한자	한국어	일어
黑雲	흑운	こくうん

• 흡 → 그우 = きゅう로 변형

흡 吸		
한자	한국어	일어
吸收	흡수	きゅうしゅう

• 흥 → 고우 = こう로 변형

흥 興		
한자	한국어	일어
興國	흥국	こうこく

• 희 → 기 = き로 변형

희 希 喜 犧 戲		
한자	한국어	일어
希望	희망	きぼう
喜劇	희극	きげき
犧牲	희생	ぎせい

| 遊戲 | 유희 | ゆうぎ |

- 힐 → 기쯔 = きつ로 변형

힐 詰		
한자	한국어	일어
詰難	힐난	きつなん

2) 중성변형어 (中聲變形語)

한글 중성모음 ㅏ ㅑ ㅓ ㅕ ㅗ ㅛ ㅜ ㅠ ㅡ ㅣ, 10자는 일어 50음자에서 ㅏ ㅣ ㅜ ㅔ ㅗ 청음 5자, ㅑ ㅠ ㅛ 요음 3자, ㅡ 발음 1자 9자로 일어 50음자의 기본 모음으로 정해졌다.
여기서 한글의 중성 모음 ㅓ, ㅕ가 ㅔ음으로 일어 50음자 모음으로 바뀌었다 한글에서 초성 자음 14자와 중성모음 ㅓ, ㅕ와 어울려 만들어지는 글자를 일어 50음자에서 ㅔ음으로 변경하여 음으로 읽는 것이다. 또한 한글 ㅔ는 ㅏ, ㅣ로 변형 되었다.

(1) ㅓ, ㅕ는 ㅔ음으로 변형
한글의 중성의 모음 ㅓ ㅕ는 일어 50음에서 ㅔ音으로 변형되어 초성의 자음과 어울려 け ね て れ め へ せ え (8字)의 기본 音字가 만들어졌다.

- 게(け)音으로 변형
  初聲 ㄱ→ㄱ
  　　　ㅎ→ㄱ
  中聲 ㅓ, ㅕ→ㅔ음으로 대체된 중성의 음이 초성과 어울려 게(け)音字로 변형된 것이다.

- 네(ね)音으로 변형
  初聲 ㄴ→ㄴ
  中聲 ㅓ, ㅕ→ㅔ음으로 대체된 중성의 음이 초성과 어울려 네(ね)音字로 변형된 것이다.

- 데(て)音으로 변형
  初聲 ㄷ→ㄷ
  中聲 ㅓ, ㅕ→ㅔ음으로 대체된 중성의 음이 초성과 어울려 데(て)音字로 변형된 것이다.

· 레(れ)音으로 변형
  初聲 ㄹ→ㄹ
  中聲 ㅓ,ㅕ→ㅔ음으로 대체된 중성의 음이 초성과 어울려 레(れ)音字로 변형된 것이다.

· 메(め)音으로 변형
  初聲 ㅁ→ㅁ
  中聲 ㅓ,ㅕ→ㅔ음으로 대체된 중성의 음이 초성과 어울려 메(め)音字로 변형된 것이다.

· 헤(へ)音으로 변형
  初聲 ㅂ, ㅍ→ㅎ
  中聲 ㅓ,ㅕ→ㅔ음으로 대체된 중성의 음이 초성과 어울려 헤(へ)音字로 변형된 것이다.

· 세(せ)音으로 변형
  初聲 ㅅ→ㅅ
  　　　ㅈ, ㅊ→ㅅ
  中聲 ㅓ,ㅕ→ㅔ음으로 대체된 중성의 음이 초성과 어울려 세(せ)音字로 변형된 것이다.

· 에(え)音으로 변형
  初聲 ㅇ→ㅇ
  中聲 ㅓ,ㅕ→ㅔ음으로 대체된 중성의 음이 초성과 어울려 에(え)音字로 변형된 것이다.

· 탁음, 반탁음字의 げでべ와 ぺ音에 관하여는 보다 깊은 연구가 따라야 할 것으로 안다.

· (ㅓ,ㅕ→ㅔ) 表

한글		변형	일어 50음자	
자음	모음		50음	字
ㄱ	ㅓ ㅕ	게	게	け
ㄴ		네	네	ね
ㄷ		데	데	て
ㄹ		레	레	れ
ㅁ		메	메	め
ㅂ		헤	헤	へ
ㅅ		세	세	せ
ㅇ		에	에	え

① 관련단어

• 건 → 겐 = けん로 변형

건 建健件		
한자	한국어	일어
建國	건국	けんこく
健鬪	건투	けんとう
件數	건수	けんすう

• 걸 → 게쯔 = けつ로 변형

걸 傑		
한자	한국어	일어
傑作	걸작	けっさく

• 검 → 겐 = けん로 변형

검 檢儉劍		
한자	한국어	일어
檢察	검찰	けんさつ
儉約	검약	けんやく
劍舞	검무	けんぶ

• 격 → 게기 = げき로 변형

격 激格擊		
한자	한국어	일어
激勵	격려	げきれい
打擊	타격	だげき
格式	격식	かくしき

• 견 → 겐 = けん 로 변형

견 堅遣繭犬見		
한자	한국어	일어
堅固	견고	けんご

派遣	파견	はけん
繭絲	견사	けんし
犬馬	견마	けんば
見料	견료	けんりょう

• 결 → 게쯔 = けつ 로 변형

결　結決潔		
한자	한국어	일어
結論	결론	けつろん
決定	결정	けってい
潔白	결백	けっぱく

• 겸 → 겐 = けん 로 변형

겸　謙兼		
한자	한국어	일어
謙虚	겸허	けんきょ
兼業	겸업	けんぎょう

• 경 → 게이 = けい 로 변형

경　敬京輕徑經警慶莖傾鯨		
한자	한국어	일어
敬語	경어	けいご
景觀	경관	けいかん
輕率	경솔	けいそつ
經歷	경력	けいれき
徑路	경로	けいろ
警備	경비	けいび
慶祝	경축	けいしゅく
根莖	근경	こんけい
傾向	경향	けいこう
鯨油	경유	げいゆ

• 계 → 게이 = けい 로 변형

계　繼 係 系 計 鷄 溪 啓 契		
한자	한국어	일어
繼承	계승	けいしょう
係留	계유	けいりゅう
系譜	계보	けいふ
計算	계산	けいさん
養鷄	양계	ようけい
溪流	계류	けいりゅう
啓示	계시	けいじ
契約	계약	けいやく

• 권 → 겐 = けん 로 변형

권　權 券 圏		
한자	한국어	일어
權威	권위	けんい
券面	권면	けんめん
圏內	권내	けんたい

• 년 → 넨 = ねん 로 변형

년　年		
한자	한국어	일어
年號	연호	ねんごう

• 념 → 넨 = ねん 로 변형

념　念		
한자	한국어	일어
念力	념력	ねんりき

• 녕 → 네이 = ねい 로 변형

녕 寧		
한자	한국어	일어
安寧	안녕	あんねい

• 려 → 레이 = れい 로 변형

려 勵戾麗		
한자	한국어	일어
旅行	여행	れいこう
返戾	반려	へんれい
華麗	화려	かれい

• 력 → 레기 = れき 로 변형

력 曆歷		
한자	한국어	일어
曆年	역년	れきねん
歷史	력사	れきし

• 련 → 렌 = れん 로 변형

련 連鍊戀鍊		
한자	한국어	일어
連動	련동	れんどう
鍊磨	련마	れんま
戀愛	연애	れんあい
鍊磨	연마	れんま

• 렬 → 레쯔 = れつ 로 변형

렬 列烈裂		
한자	한국어	일어
列擧	렬거	れっきょ
熱風	열풍	れっぷう
決裂	결렬	けつれつ

• 렴 → 렌 = れん 로 변형

렴 廉		
한자	한국어	일어
廉價	염가	れんか

• 령 → 레이 = れい 로 변형

령 令靈鈴齡零		
한자	한국어	일어
令達	령달	れいたつ
靈魂	영혼	れいこん
銀鈴	은령	ぎんれい
樹齡	수령	じゅれい
零細	영세	れいさい

• 례 → 레이 = れい 로 변형

례 例禮隸		
한자	한국어	일어
例規	례규	れいき
禮物	례물	れいもつ
隸屬	예속	れいぞく

• 면 → 멘 = めん 로 변형

면 面棉免		
한자	한국어	일어
面談	면담	めんだん
棉花	면화	めんか
放免	방면	ほうめん

• 멸 → 메쯔 = めつ 로 변형

멸 滅		
한자	한국어	일어
絶滅	절멸	ぜつめつ

• 명 → 메이 = めい 로 변형

명　名明命鳴銘		
한자	한국어	일어
名家	명가	めいか
明記	명기	めいき
命題	명제	めいだい
悲鳴	비명	ひめい
感銘	감명	かんめい

• 벽 → 헤기 = へき 로 변형

벽　壁癖		
한자	한국어	일어
壁畫	벽화	へきが
盜癖	도벽	とうへき

• 변 → 헨 = へん 로 변형

변　邊變弁		
한자	한국어	일어
邊境	변경	へんきょう
變質	변질	へんしつ
辯論	변론	べんろん

• 별 → 헤쯔 = べつ 로 변형

별　別		
한자	한국어	일어
別名	별명	べつめい

• 병 → 헤이 = へい 로 변형

병　兵竝丙倂柄屛		
한자	한국어	일어
兵力	병력	へいりょく
竝行	병행	へいこう

丙夜	병야	へいや
併用	병용	へいよう
斗柄	두병	とへい
土兵	토병	どべい

• 서 → 세이 = せい 로 변형

서　逝西誓		
한자	한국어	일어
逝去	서거	せいきょ
西部	서부	せいぶ
誓詞	서사	せいし

• 석 → 세키 = せき 로 변형

석　析析惜		
한자	한국어	일어
析出	석출	せきしゅつ
分析	분석	ぶんせき
惜別	석별	せきべつ

• 선 → 센 = せん 로 변형

선　線船宣先仙繕扇鮮銑旋善禪		
한자	한국어	일어
線形	선형	せんけい
船客	선객	せんきゃく
宣言	선언	せんげん
先決	선결	せんけつ
仙居	선거	せんきょ
仙人	선인	せんにん
修繕	수선	しゅうぜん
扇狀	선상	せんじょう
鮮明	선명	せんめい

銑鐵	선철	せんてつ
旋回	선회	せんかい
善人	선인	せんにん
坐禪	좌선	ざぜん

• 설 → 세쯔 = せつ 로 변형

설　說設雪舌		
한자	한국어	일어
說得	설득	せっとく
設立	설립	せつりつ
雪景	설경	せっけい
舌鋒	설봉	ぜっぽう

• 섬 → 센 = せん 로 변형

섬　纖		
한자	한국어	일어
纖維	섬유	せんい

• 섭 → 세쯔 = せつ 로 변형

섭　攝		
한자	한국어	일어
攝生	섭생	せっせい

• 성 → 세이 = せい 로 변형

성　盛星性聲成聖誠姓		
한자	한국어	일어
盛典	성전	せいてん
星霜	성상	せいそう
性格	성격	せいかく
聲明	성명	せいめい
成果	성과	せいか
聖堂	성당	せいとう

誠意	성의	せいい
百姓	백성	ひゅくしょう

• 원 → エン = えん 로 변형

원 円		
한자	한국어	일어
円貨	엔화	えんか

• 역 → エキ = えき 로 변형

역 易驛疫		
한자	한국어	일어
易學	역학	えきがく
驛路	역로	えきろ
防疫	방역	ぼうえき

• 연 → エン = えん 로 변형

연 延演宴沿煙鉛緣		
한자	한국어	일어
延着	연착	えんちゃく
演劇	연극	えんげき
祝宴	축연	しゅくえん
沿道	연도	えんどう
煙幕	연막	えんきく
鉛筆	연필	えんぴつ
緣臺	연대	えんだい

• 열 → エツ = えつ 로 변형

열 悅閱		
한자	한국어	일어
劣惡	열악	えつらく
閱覽	열람	えつらん

• 염 → エン = えん 로 변형

염　鹽 炎		
한자	한국어	일어
鹽分	염분	えんぶん
炎上	염상	えんじょう

• 영 → エイ = えい 로 변형

영　永 泳 英 榮 映 營 詠 影		
한자	한국어	일어
永劫	영겁	えいこう
泳法	영법	えいほう
英才	영재	えいさい
榮光	영광	えいこう
映畫	영화	えいが
營農	영농	えいのう
詠歌	영가	えいか
投影	투영	とうえい

• 예 → エイ = えい 로 변형

예　銳		
한자	한국어	일어
氣銳	기예	きえい

• 원 → エン = えん 로 변형

원　園 遠 援 猿 垣		
한자	한국어	일어
園藝	원예	えんげい
遠景	원경	えんけい
援助	원조	えんじょ
類人猿	유인원	るいじんえん
垣場	원장	えんしょう

- 월 → 에즈 = えつ 로 변형

월 越		
한자	한국어	일어
越冬	월동	えっとう

(2) ㅐ는 ㅏ, ㅣ로 변형

일어는 기본적으로 아이우에오의 모음을 이용하여 50音字를 만들었기 때문에 ㅐ音을 표기하기에는 구조적으로 곤란하다. 따라서 ㅐ音은 ㅏ, ㅣ의 단모음형으로 표기하도록 되어있다. 한국어 초성의 자음 ㄱ과 중성의 모음 ㅐ의 어울림인 "개"는 "가이"로 풀어서 발음하고, 표기는 かい字로 한다. 이해를 돕기 위하여 이와 관련된 변형어를 표로서 정리하였다.

- (ㅓ, ㅕ → ㅔ) 表

한국어			일어	
자음	모음	字	50음	字
ㄱ	ㅐ	개❶	가이	かい
ㄴ		내	나이	ない
ㄷ		대❷	다이	たい
ㄹ		래❸	라이	らい
ㅁ		매	마이	まい
ㅂ		배❹	하이	はい
ㅅ		새	사이	さい
ㅇ		애	아이	あい
ㅈ		재	자이	さい
ㅊ	ㅐ	채	차이	さい
ㅋ		캐	카이	かい
ㅌ		태	다이	たい
ㅍ		패	하이	はい
ㅎ		해❺	가이	かい

※ 한국어 자음란에 ㅂ, ㅍ, ㅎ은 전장에서 설명한 바와 같이 ㅂ→ㅎ, ㅍ→ㅎ, ㅎ→ㄱ으로 변형한다.

| 해설 |

❶ 개에서 초성 ㄱ음은 ㄱ음으로 동음, 중성 ㅐ→ㅏ, ㅣ로 변형. 즉, 개→가, 이→かい로 변형.
❷ 대에서 초성 ㄷ음은 ㄷ음으로 동음, 중성 ㅐ→ㅏ, ㅣ로 변형. 즉, 대→다, 이→たい로 변형.
❸ 래에서 초성 ㄹ음은 ㄹ음으로 동음, 중성 ㅐ→ㅏ, ㅣ로 변형. 즉, 래→라, 이→らい로 변형.
❹ 배에서 초성 ㅂ음은 ㅎ음으로 변형, 중성 ㅐ→ㅏ, ㅣ로 변형. 즉, 배→바, 이→はい로 변형.
❺ 해에서 초성 ㅎ음은 ㄱ음으로 변형, 중성 ㅐ→ㅏ, ㅣ로 변형. 즉, 해→가, 이→かい로 변형.

① **관련단어**

• 개 → 가이 = かい 로 변형

개　改開介皆慨概		
한자	한국어	일어
改修	개수	かいしゅう
開局	개국	かいきょく
紹介	소개	しょうかい
皆勤	개근	かいまん
感慨	감개	かんがい
概念	개념	かいねん

• 내 → 나이 = ない 로 변형

내　內		
한자	한국어	일어
內外	내외	ないがい

• 대 → 다이 = たい 로 변형

대　待隊貸對帶大代袋		
한자	한국어	일어
待機	대기	たいき
隊列	대열	たいれつ
貸費	대비	たいひ
對決	대결	たいけつ

帶劍	대검	たいけん
大國	대국	たいこく
代金	대금	だいまん
紙袋	지대	かみぶくろ

• 래 → 라이 = らい 로 변형

래 來		
한자	한국어	일어
來年	래년	らいねん

• 매 → 마이 = まい 로 변형

매 妹每枚埋		
한자	한국어	일어
姉妹	자매	しまい
每年	매년	まいねん
枚數	매수	まいすっ
埋藏	매장	まいそう

• 배 → 하이 = はい 로 변형

배 排背配俳輩排杯倍賠陪		
한자	한국어	일어
拜見	배견	はいけん
背景	배경	はいけい
配當	배당	はいとう
輩出	배출	はいしゅつ
排除	배제	はいじょ
祝杯	축배	しゅくはい
倍加	배가	ばいか
賠償	배상	ばいしょう
陪審	배심	ばいしん

• 애 → 아이 = あい 로 변형

애　愛 哀		
한자	한국어	일어
愛敬	애경	あいけい
悲哀	비애	ひあい

• 재 → 사이 = さい 로 변형

재　才 再 栽 齋 災 裁 在 材 財		
한자	한국어	일어
才能	재능	さいのう
再發	재발	さいけつ
盆栽	분재	ぼんさい
宰相	재상	さいしょう
連載	연재	れんさい
書齋	서재	しょさい
災難	재난	さいなん
裁決	재결	さいけつ
在京	재경	ざいきょう
材料	재료	ざいりょう
財力	재력	ざいりょく

• 채 → 자이 = ざい,さい 로 변형

채　菜 採 債 彩		
한자	한국어	일어
菜食	채식	さいしょく
採點	채점	さいてん
債券	채권	さいけん
彩色	채색	さいしょく

• 태 → 다이 = たい 로 변형

태　太態台		
한자	한국어	일어
太古	태고	たいこ
態度	태도	たいど
颱風	태풍	たいふう

• 패 → 하이 = はい 로 변형

패　敗		
한자	한국어	일어
敗訴	패소	はいそ

• 해 → 가이 = かい 로 변형

해　海解害該		
한자	한국어	일어
海軍	해고	かいぐん
解決	해결	かいけつ
害毒	해독	かいどく
該博	해박	かいはく

3) 종성 변형어

(1) 받침어

한글은 초성, 중성, 종성의 音의 어울림(만남)으로 소리내는 소리글(語)이며 文字는 초성의 글자(子音)과 중성의 글자(母音) 또는 종성의 글자(子音)가 어울려 文字가 되는 것이다. 여기에서 초성 + 중성이 한글과 같은음(동음)으로 발음된 字語를 同音語라 하였고 초성이나 중성에서 어느 한쪽이라도 다른음으로 변형된 字語를 變形語라 하였다.

일어 50음자는 한글의 종성이 없는 글자이며 한글에서 종성으로 쓰고 있는 子音 ㄱ ㄴ ㄷ ㄹ ㅁ ㅂ ㅇ의 7字에 해당하는 종성의 처리를 音語로 대체하여 쓰고 있는 것이 일어의 특징이다.

한글에서 받침으로 발음되는 자음은 ㄱㄴㄷㄹㅁㅂㅇ의 7字이고 초성과 같은 字音이다. 이들중에서 한글의 ㄴㅁ→일어 50음자 ん音字로 써 받침음의 구조적 형식을 취한다. 나머지 ㄱㄷㄹㅂㅇ音字는 한국어 종성의 글자(받침)를 50음자로 표현하여 쓰도록한 音字를 받침어라고 하였다.

한글에서 받침으로 쓰는 ㄱㄹㅂㅇ은 일어의 받침어 즉,
- ㄱ音 → く語
- ㄹ音 → つ語
- ㅂ音 → う語
- ㅇ音
- (ㅓ,ㅕ)→(ㅔ)
  (え)→いㅓ
- (ㅏ,ㅑ,ㅗ,ㅛ,ㅜ,ㅠ)→(ㅗ,ㅛ,ㅗ,ㅛ,ㅠ,ㅠ)
  (お,よ,お,よ,ゆ,りゅ)→うㅓ

① 한글 받침 ㄱ음자의 변형
한글의 "ㄱ" 받침은 일어에서 く字語로 변형하고 音은 구로 발음한다. 다시말해 ㄱ의 子音의 字가 구라는 字語로 변형된 것이다.

한글	일어	
	50음자	한자
각	かく❶ きゃく	各 角 覺 閣 殼 却 脚
곡	こく きょく	穀 曲
곽	かく	郭
국	きょく	局
극	こく きょく	克 極
댁	たく❷	宅
덕	とく	德
독	どく とく	毒 獨 讀 督 篤
득	とく	得
락	らく	落 酪 絡

략(약)	りゃく	略
력(역)	りょく	力
록	ろく	綠錄
륙(육)	りく	陸六
막	まく ばく	幕膜 漠
맥	ばく みゃく	麥 脈
목	もく ぼく	木 牧
묵	ぼく もく	墨 默
박	はく	博舶薄縛迫泊拍
백	はく ❸ ひゃく	白伯 百
복	ふく	服福腹複覆伏
삭	さく	削
색	しょく さく	色 索
석	しゃく	釋
속	そく ぞく	束速 屬續俗
숙	しゅく じゅく	宿淑肅叔 熟塾
식	しょく	飾殖
악	あく がく	惡握 樂岳
액	がく やく	額 厄
약	やく じゃく	約藥躍 若弱
억	おく よく	億憶 抑
역	やく ぎゃく	役譯 逆
옥	ぎょく ごく	玉 獄

욕	よく ❹ じょく	浴 欲 辱
육	いく にく	育 肉
익	よく	翌 翼
작	さく しゃく	作 昨 勺 爵 酌
적	じゃく	寂
족	そく ぞく	足 族
즉	そく	即
직	しょく ちょく	織 職 直
착	さく ちゃく	錯 搾 着
책	さく	策
척	しゃく	尺
촉	しょく そく	嘱 触 促
축	ちく じく しゅく	築 逐 畜 蓄 軸 祝 蓄
측	そく	測
칙	そく ちょく	則 勅
탁	たく だく	卓 濯 託 濁
택	たく	擇
특	とく	特
폭	ばく ふく	卓 濯 託 濁 擢
학	がく ぎゃく	學 虐
핵	かく	幅
혁	かく	革 嚇
혹	こく	酷

확	かく❺	擴 確 穫
획	かく	獲
흑	こく	黑

| 해설 |

❶ 각에서 초성ㄱ음은 ㄱ음으로 동음,중성ㅏ음은 ㅏ음으로 동음,종성ㄱ음은 받침어 구로변형. 즉, 각→가, 구→かく로 변형.

❷ 댁에서 초성ㄷ음은 ㄷ음으로 동음,중성ㅐ음은 ㅏ,ㅣ음으로 변형,종성ㄱ음은 받침어 구로 변형. 즉, 댁→다이구, 다구→たく로 변형.

❸ 백에서 초성ㅂ음은 ㅎ음으로 변형,중성ㅐ음은 ㅏ,ㅣ음으로 변형,종성ㄱ음은 받침어 구로 변형. 즉, 백→바이, 구→하이구→하구→はく로 변형.

❹ 욕에서 초성ㅇ음은 ㅇ음으로 동음,중성ㅛ음은 ㅛ음으로 동음,종성ㄱ음은 받침어 구로변형. 즉, 욕→요구→よく로 변형.

❺ 확에서 초성ㅎ음은 ㄱ음으로 변형,중성ㅘ음은 ㅏ음으로 변형,종성ㄱ음은 받침어 구로변형. 즉, 확→하구→가구→かく로 변형.

⊙ 관련단어
: 일어 음은 빈 칸으로 연습해 보도록 하였다.

• 각 - 가구 = かく

한글		일어	
한자	음	음	50음자
角度	각도		かくど
覺悟	각오		かくご
閣內	각내		かくない
却下	각하		きゃっか
脚色	각색		きゃくしょく
地殼	지각		ちらい
刻苦	각고		こっく
各國	각국		かっこく

• 곡 – 고구 = こく, きょう

한글		일어	
한자	음	음	50음자
曲折	곡절		きょくせつ
穀物	곡물		こくもつ

• 곽 – 가구 = かく

한글		일어	
한자	음	음	50음자
城郭	성곽		じょうかく

• 국 – 구구– 고구 = きょく

한글		일어	
한자	음	음	50음자
局長	국장		きょくちょう
國家	국가		こっか
野菊	야국		のぎく

• 극 – 고구 = こく, きょく

한글		일어	
한자	음	음	50음자
克服	극복		こくふく
極大	극대		きょくだい

• 댁 = たく

한글		일어	
한자	음	음	50음자
宅配	택배		たくはい
各國	각국		かっこく

• 덕 – 도구 = とく

한글		일어	
한자	음	음	50음자
德目	덕목		とくもく

• 독 – 도구 = とく, どく

한글		일어	
한자	음	음	50음자
毒藥	독약		どくやく
獨立	독립		どくりつ
讀解	독해		どっかい
督促	독촉		とくそく
篤志	독지		とくし

• 득 – 도구 = とく

한글		일어	
한자	음	음	50음자
得失	득실		とくしつ

• 락 – 라구 = らく

한글		일어	
한자	음	음	50음자
落葉	락엽		らくよう
酪農	낙농		らくのう
短絡	단락		たんらい

• 략(약) – 리야구 = りゃく

한글		일어	
한자	음	음	50음자
略史	략사		りゃくし

• 력(역) – 리요구 = りょく

한글		일어	
한자	음	음	50음자
生産力	생산력		せいさんりょく

• 록 – 로구 = ろく

한글		일어	
한자	음	음	50음자
綠靑	록청		ろくしょう
錄畫	록화		ろくが

• 륙(육) – 리유구 = りく

한글		일어	
한자	음	음	50음자
陸軍	륙군		りくぐん
六經	륙경		りくけい

• 막 – 마구,마"구 = まく,ばく

한글		일어	
한자	음	음	50음자
幕間	막간		まくあい
漠然	막연		ばくぜん
膜質	막질		まくしつ

• 맥 – 마"구 = ばく,みゃく

한글		일어	
한자	음	음	50음자
脈搏	맥박		みゃくけく
麥芽	맥아		ばくが

• 목 – 모구 = もく, ぼく

한글		일어	
한자	음	음	50음자
木造	목조		もくぞう
牧畜	목축		ぼくちく

• 묵 –무구 = ぼく, もく

한글		일어	
한자	음	음	50음자
默殺	묵살		もくさつ

• 박 – 하구 = はく

한글		일어	
한자	음	음	50음자
博覽會	박람회		はくらんかい
薄利	박리		はくり
迫力	박력		はくりょく
外泊	외박		がいはく
拍手	박수		はくしゅ
束縛	속박		そくばく
船舶	선박		せんばく
朴烈	박멸		はくめつ
純朴	순박		じゅんばく

• 백 – 하이구 – 하구 = はく, ひゃく

한글		일어	
한자	음	음	50음자
紅白	홍백		こうはく
畫伯	화백		がはく
百害	백해		ひゃくがい

• 복 – 호구 – 후구 =　ふく

한글		일어	
한자	음	음	50음자
服務	복무		ふくむ
福德	복덕		ふくとく
腹痛	복통		ふくつう
複利	복리		ふくり
覆面	복면		ふくめん
伏線	복선		ふくせん
公僕	공복		こうぼく

• 삭 – 사구 =　さく

한글		일어	
한자	음	음	50음자
削除	삭제		さくじょ

• 색 – 사구 =　さく, しょく

한글		일어	
한자	음	음	50음자
搜索	수색		そうさく
原色	원색		げんしょく

• 석 – 사구 =　しゃく

한글		일어	
한자	음	음	50음자
釋放	석방		しゃくほう

• 속 – 소구 – そく, ぞく

한글		일어	
한자	음	음	50음자
束縛	속박		そくぼく
速記	속기		そっき

屬領	속령		ぞくりょう
續報	속보		ぞくほう
俗語	속어		ぞくご

• 숙 – 수구 = しゅく, じゅく

한글		일어	
한자	음	음	50음자
宿泊	숙박		しゅくはく
淑女	숙녀		しゅくじょ
靜肅	정숙		せいしゅく
叔父	숙부		しゅくふ
熟達	숙달		じゅくたつ
私塾	사숙		しじゅく

• 식 – 시ぃ구 = しぃく

한글		일어	
한자	음	음	50음자
裝飾	장식		そうしょく
繁殖	번식		はんしょく

• 악 – 아구, 아″구 = あく, がく

한글		일어	
한자	음	음	50음자
惡德	악덕		あくとく
握手	악수		あくしゅ
樂劇	악극		がくげき
山岳	산악		さんがく

• 액 – 아″구, 야구 = がく, やく

한글		일어	
한자	음	음	50음자
額面	액면		がくめん

| 厄年 | 액년 | | やくどし |

• 약 - 야구 = やく, じゃく

한글		일어	
한자	음	음	50음자
約束	약속		やくそく
胃腸藥	위장약		いちょうやく
飛躍	비약		ひやく
若年	약년		じゅくねん
弱質	약질		じゅくしつ

• 억 - 어구 = おく, よく

한글		일어	
한자	음	음	50음자
億兆	억조		おくちょう
臆測	억측		おくそく
抑制	억제		よくせい

• 역 - 야구 = やく, ぎゃく

한글		일어	
한자	음	음	50음자
力不足	역부족		やくぶそく
譯文	역문		やくぶん
逆境	역경		ぎゃっきょう

• 옥 - 교구 = ぎょく, ごく

한글		일어	
한자	음	음	50음자
玉顔	옥안		ぎょくがん
地獄	지옥		じごく

• 욕 – 요구 = よく, じょく

한글		일어	
한자	음	음	50음자
浴用	욕용		よくよう
慾心	욕심		よくしん
屈辱	굴욕		くつじょく

• 육 – 유구 – 이유구 = いく, にく

한글		일어	
한자	음	음	50음자
育成	육성		いくせい
肉薄	육박		にくはく

• 익 – 요구 – よく, とく

한글		일어	
한자	음	음	50음자
翌年	익년		よくねん
主翼	주익		しゅよく
匿名	익명		とくめい

• 직 – 지구 = さく, しゃく

한글		일어	
한자	음	음	50음자
作家	작가		さくか
昨年	작년		さくねん
一勺	일작		いっしゃく
爵位	작위		しゃくい
參酌	참작		さんしゃく

• 적 – 쟈구 = じゃく

한글		일어	
한자	음	음	50음자
靜寂	정적		せいじゃく
海賊	해적		かいぞく
嫡子	적자		ちゃくし

• 족 – 조구, 소구 = そく, ぞく

한글		일어	
한자	음	음	50음자
足跡	족적		そくせき
族滅	족멸		ちゃくし

• 즉 – 소구 = そく

한글		일어	
한자	음	음	50음자
卽答	즉답		そくとう

• 직 – 쇼쿠 = しょく

한글		일어	
한자	음	음	50음자
織匠	직장		しょくしょう
職名	직명		しょくめい
直角	직각		ちょっかく

• 착 – 사구 = さく, ちゃく

한글		일어	
한자	음	음	50음자
交錯	교착		こうさく
搾取	착취		さくしゅ
着想	착상		ちゅくそう

• 책 – 샤구 = さく

한글		일어	
한자	음	음	50음자
策略	책략		さくりゃく

• 척 – 샤구 = しゃく

한글		일어	
한자	음	음	50음자
尺度	척도		しゅくど

• 촉 – 소구 – 쇼구 = しょく, そく

한글		일어	
한자	음	음	50음자
囑望	촉망		しょくぼう
觸手	촉수		しょくしゅ
促進	촉진		そくしん

• 축 – 추구 = ちく, じく, しゅく

한글		일어	
한자	음	음	50음자
築造	축조		ちくぞう
逐一	축일		ちくいち
畜産	축산		ちくさん
含蓄	함축		がんちく
車軸	차축		しゃじく
祝宴	축연		しゅくえん
縮小	축소		しゅくしゅ

• 측 – 소구 = そく

한글		일어	
한자	음	음	50음자
測量	측량		そくりょう

• 칙 – 소구 = そく, ちょく

한글		일어	
한자	음	음	50음자
則する	칙수루		そくする
勅使	칙사		ちょくし

• 탁 – 다구 = たく, だく

한글		일어	
한자	음	음	50음자
食卓	식탁		しょくたく
洗濯	세탁		せんたく
託兒所	탁아소		たくじしい
濁点	탁점		だくてん

• 택 – 다구 = たく

한글		일어	
한자	음	음	50음자
擇一	택일		たくいつ

• 특 – 토구 = とく

한글		일어	
한자	음	음	50음자
特定	특정		とくてい

• 폭 – 호구 = ばく, ふく

한글		일어	
한자	음	음	50음자
爆發	폭발		ばくはつ
幅員	폭원		ふくいん

• 학 – 가구 = がく, ぎゃく

한글		일어	
한자	음	음	50음자
學問	학문		がくもん
進學	진학		ざんぎゃく

• 핵 – 가이구 = かく

한글		일어	
한자	음	음	50음자
核心	핵심		かくしん

• 혁 – 가구 = かく

한글		일어	
한자	음	음	50음자
革命	혁명		かくめい
威嚇	위혁		いかく

• 혹 – 고구 = こく

한글		일어	
한자	음	음	50음자
酷使	혹사		こくし
疑惑	의혹		ぎわく

• 확 – 가구 = かく

한글		일어	
한자	음	음	50음자
擴大	확대		かくだい
確實	확실		かくしつ
收穫	수확		しゅうかく

• 획 – 가구 = かく

한글		일어	
한자	음	음	50음자
獲得	획득		かくとく

• 흑 – 고구 = こく

한글		일어	
한자	음	음	50음자
黑人	흑인		こくじん

② 한글 받침 ㄹ음자의 변형

한글의 'ㄹ' 받침은 일어에서 「つ」字語로 변형 表記하고 音은 '쯔'로 發音한다. 다시말해 ㄹ의 자음의 字가 쯔라는 字語로 변형된 것이다.

한글	일어	
	50음자	한자
갈	かつ❶	褐喝渴
걸	けつ	傑
결	けつ❷	決結潔
골	こつ	骨
괄	かつ	括
굴	くつ	屈掘
길	きつ	吉
달	たつ	達
돌	とつ	突
렬	れつ❸	列熱裂
률	りつ	律
말	まつ	末抹
멸	めつ	滅
몰	ぼつ	沒
물	ぶつ	物
밀	みつ	密

발	はつ ばつ	發 髮 拔
벌	はつ	伐 閥 罰
별	べつ	別
불	ぶつ ふつ	佛 拂
설	せつ ぜつ	雪 設 說 舌 舌
솔	そつ	率
술	じゅつ	述 術
실	しつ	失 室 失 室
알	えつ	謁
열	えつ ❹	悅 閱
월	げつ	月
을	おつ	乙
일	いつ	逸
절	せつ ぜつ	切 折 節
졸	そつ	卒
질	ちつ	秩 窒
찰	さつ	札 察 擦
철		鐵 哲 撤 徹
촬	さつ	撮
출	しゅつ	出
칠	しつ	漆
탈	だつ	奪 脫
필	ひつ	必 筆 匹
할	かつ	割 轄
혈	けつ	血
활	かつ ❺	活 滑
힐	きつ	詰

| 해설 |

❶ 갈에서 초성ㄱ음은 ㄱ음으로 동음, 중성ㅏ음은 ㅏ음으로 동음, 종성ㄹ음은 받침어 쯔로 변형. 즉, 갈→가, 쯔→かつ로 변형.

❷ 결에서 초성ㄱ음은 ㄱ음으로 동음, 중성ㅕ음은 ㅔ음으로 대체변형, 종성ㄹ음은 받침어 쯔로 변형. 즉, 결→겨쯔→게즈→けつ로 변형.

❸ 렬에서 초성ㄹ음은 ㄹ음으로 동음, 중성ㅕ음은 ㅔ음으로 대체변형, 종성ㄹ음은 받침어 쯔로 변형. 즉, 렬→려쯔→레즈→れつ로 변형.

❹ 열에서 초성ㅇ음은 ㅇ음으로 동음, 중성ㅕ음은 ㅔ음으로 대체변형, 종성ㄹ음은 받침어 쯔로 변형. 즉, 열→여쯔→에쯔→えつ로 변형.

❺ 활에서 초성ㅎ음은 ㄱ음으로 변형, 중성ㅘ음은 ㅏ음으로 변형, 종성ㄹ음은 받침어 쯔로 변형. 즉, 활→하쯔→가쯔→かつ로 변형.

⊙ 관련단어

• 갈 – 가쯔 = かつ

한글		일어	
한자	음	음	50음자
褐色	갈색		かっしょく
一喝	인갈		いっかつ
渴水	갈수		かっすい

• 걸 – 게쯔 = けっ

한글		일어	
한자	음	음	50음자
傑作	걸작		けっさく

• 결 –게쯔 = けつ

한글		일어	
한자	음	음	50음자
決死	결사		けっし
結果	결과		けっか
潔白	결백		けっぱく

- 골 – 고쯔 = こつ

한글		일어	
한자	음	음	50음자
骨幹	골간		こっかん

- 괄 – 가쯔 = かつ

한글		일어	
한자	음	음	50음자
一括	일괄		いっかつ

- 굴 – 구쯔 = くつ

한글		일어	
한자	음	음	50음자
屈折	굴절		くっせつ
採掘	채굴		さいくつ

- 길 – 기쯔 = きつ

한글		일어	
한자	음	음	50음자
吉凶	길흉		きっきょう

- 달 – 다쯔 = たつ

한글		일어	
한자	음	음	50음자
達成	달성		たっせい

- 돌 – 도쯔 = とつ

한글		일어	
한자	음	음	50음자
突破	돌파		とっぱ

• 렬 – 레쯔 = れつ

한글		일어	
한자	음	음	50음자
列擧	렬거		れっきょ
熱風	열풍		れっぷう
裂傷	열상		れっしょう

• 률 – 리쯔 = りつ

한글		일어	
한자	음	음	50음자
律令	률령		りつりょう

• 말 – 마쯔 = まつ

한글		일어	
한자	음	음	50음자
列擧	렬거		れっきょ
熱風	열풍		れっぶう

• 멸 – 메쯔 = めつ

한글		일어	
한자	음	음	50음자
絶滅	절멸		ぜつめつ

• 몰 – 모쯔 = ぼつ

한글		일어	
한자	음	음	50음자
沒頭	몰두		ぼっとう

• 물 –무〃쯔 = ぶつ

한글		일어	
한자	음	음	50음자
物量	물량		ぶつりょう

• 밀 – 미쯔 = みつ

한글		일어	
한자	음	음	50음자
密接	밀접		みっせつ

• 발 – 하쯔 = はつ,ばつ

한글		일어	
한자	음	음	50음자
發明	발명		はつめい
理髮	이발		りはつ
拔群	발군		ばつぐん

• 벌 – 허쯔 = ばつ

한글		일어	
한자	음	음	50음자
伐採	벌채		ばっさい
閥族	벌족		ばつぞく
罰則	벌칙		ばっそく

• 별 – 베쯔 = べつ

한글		일어	
한자	음	음	50음자
別名	별명		べつめい

• 불 – 후쯔 = ぶつ

한글		일어	
한자	음	음	50음자
佛典	불전		ぶってん
拂曉	불효		ふつぎょう

• 설 – 세쯔 = せつ, ぜつ

한글		일어	
한자	음	음	50음자
雪景	설경		せっけい
設立	설립		せつりつ
說得	설득		せっとく
舌端	설단		ぜったん

• 솔 – 소쯔 = そっ

한글		일어	
한자	음	음	50음자
率先	솔선		そっせん

• 술 – 수쯔 = じゅっ

한글		일어	
한자	음	음	50음자
述語	술어		じゅつご
術數	술수		じゅっすう

• 실 – 수쯔 = しつ, じつ

한글		일어	
한자	음	음	50음자
失名	실명		しつめい
室內	실내		しつない
實感	실감		じっかん

• 알 – 에쯔 = えつ

한글		일어	
한자	음	음	50음자
謁見	알현		えつけん

• 열 - 에쯔 = えつ

한글		일어	
한자	음	음	50음자
悅樂	열악		えつらく
閱覽	열람		えつらん
劣惡	열악		れつあく
熱量	열량		ねつりょう

• 월 - 게쯔 = げつ

한글		일어	
한자	음	음	50음자
月刊	월간		げっかん
越冬	월동		えっとう

• 을 - 우쯔 = おつ

한글		일어	
한자	음	음	50음자
甲乙	갑을		こうおつ

• 일 - 이쯔 = いつ

한글		일어	
한자	음	음	50음자
逸話	일화		いつわ

• 절 - 세쯔 = せつ, ぜつ

한글		일어	
한자	음	음	50음자
切斷	절단		せつだん
折半	절반		せっぱん
節制	절제		せっせい
絶大	절대		ぜつだん

• 졸 – 소쯔 = そつ

한글		일어	
한자	음	음	50음자
卒業	졸업		そつぎょう

• 질 – 지쯔 = ちつ, しつ

한글		일어	
한자	음	음	50음자
秩序	질서		ちつじょ
窒息	질식		ちっそく
質量	질량		しつりょう
疾患	질환		しっかん
更迭	경질		こうてつ

• 찰 – 사쯔 = さつ

한글		일어	
한자	음	음	50음자
札束	찰속		さつたば
視察	시찰		しちつ
摩擦	마찰		まちつ

• 철 – 데쯔 = てつ

한글		일어	
한자	음	음	50음자
鐵鋼	철강		てっこう
哲人	철인		てつじん
撤回	철회		てっかい
徹夜	철야		でつや
凸面鏡	철면경		とつめんきょう

- 촬 – 사쯔 = さつ

한글		일어	
한자	음	음	50음자
撮影	촬영		さつえい

- 출 – 수쯔 = しゅつ

한글		일어	
한자	음	음	50음자
出庫	출고		しゅっこ

- 철 – 시쯔 = しつ

한글		일어	
한자	음	음	50음자
漆器	칠기		しっき

- 날 – 나쓰 = だつ

한글		일어	
한자	음	음	50음자
奪取	탈취		だっしゅ
脫落	탈락		だつらく

- 필 – 히쯔 = ひつ

한글		일어	
한자	음	음	50음자
必見	필견		ひっけん
筆談	필담		ひつだん
匹敵	필적		ひってき

- 할 – 가쯔 = かつ

한글		일어	
한자	음	음	50음자
分割	분할		ぶんかつ

管轄	관할		かんかつ

• 혈 – 게쯔 = けつ

한글		일어	
한자	음	음	50음자
血管	혈관		けっかん

• 활 – 가쯔 = かつ

한글		일어	
한자	음	음	50음자
活氣	활기		かっき
滑降	활강		かっこう

• 힐 – 기쯔 = きつ

한글		일어	
한자	음	음	50음자
詰難	힐난		きつなん

③ 한글 받침 ㅂ음자의 변형

한글의 'ㅂ' 받침은 일어에서 「う」字語로 변형 表記하고 音은 '우'로 發한다. 다시말해 ㅂ의 자음자가 "우"라는 字語 즉 받침어로 변형된 것이다.

한글	일어	
	50음자	한자
갑	こう❶	甲
급	きゅう❷	急 級 給 及
답	とう	踏
렵	りょう	獵
립	りゅう	粒
삽	そう	插
섭	しょう❸	涉
습	しゅう	襲

십	じゅう	十
압	おう	押
읍	きゅう	泣
입	にゅう	入
즙	じゅう	汁
집	しゅう	執
첩	じょう	疊
탑	とう	塔 搭
핍	ぼう	乏
합	ごう❹	合
협	きょう❺	峽 脅 狹 挾

| 해설 |

❶ 갑에서 초성ㄱ음은 ㄱ음으로 동음, 중성ㅏ음은 ㅗ음으로 변형, 종성ㅂ음은 받침어 우로 변형. 즉, 갑→가우→고우→こう로 변형.

❷ 급에서 초성ㄱ음은 ㄱ음으로 동음, 중성ㅡ음은 ㅡ음으로 동음, 종성ㅂ음은 받침어 우로 변형. 즉, 급→그우,→규우→きゅう로 변형.

❸ 섭에서 초성ㅅ음은 ㅅ음으로 동음, 중성ㅓ음은 ㅔ음으로 대체변형, 종성ㅂ음은 받침어 우로 변형. 즉, 섭→세우→쇼우→しょう로 변형.

❹ 합에서 초성ㅎ음은 ㄱ음으로 변형, 중성ㅏ음은 ㅗ음으로 변형, 종성ㅂ음은 받침어 우로 변형. 즉, 합→하우→고우→こう로 변형.

❺ 협에서 초성ㅎ음은 ㄱ음으로 변형, 중성ㅕ음은 ㅔ음으로 대체변형, 종성ㅂ음은 받침어 우로 변형. 즉, 협→혀우,겨우→규우→きょう로 변형.

⊙ 관련단어

• 갑 –고우 = こう

한글		일어	
한자	음	음	50음자
甲乙	갑을		こうおつ

• 급 – 규우 = きゅう

한글		일어	
한자	음	음	50음자
給料	급료		きゅうりょう
級數	급수		きゅうすう
急報	급보		きゅうほう
普及	보급		ふきゅう

• 답 – 도우 = とう

한글		일어	
한자	음	음	50음자
踏破	답파		とうは

• 렵 – 료우 = りょう

한글		일어	
한자	음	음	50음자
獵師	엽사		りょうし

• 립 – 리유 = りゅう

한글		일어	
한자	음	음	50음자
粒子	입자		りゅうし

• 삽 – 소우 = そう

한글		일어	
한자	음	음	50음자
插入	삽입		そうにゅう
澁面	삽면		じゅうめん

- 섭 – 쇼우 = しょう

한글		일어	
한자	음	음	50음자
交渉	교섭		こうしょう

- 습 – 슈우 = しゅう

한글		일어	
한자	음	음	50음자
世襲	세습		せしゅう

- 십 – 쥬우 = じゅう

한글		일어	
한자	음	음	50음자
十代	십대		じゅうだい

- 압 – 오우 = おう

한글		일어	
한자	음	음	50음자
押送	압송		おうそう

- 엽 – 요우 = よう

한글		일어	
한자	음	음	50음자
葉序	엽서		ようじょ

- 읍 – 그우 – 규유 = きゅう

한글		일어	
한자	음	음	50음자
感泣	감읍		かんきゅう

• 입 – 니유우 = にゅう

한글		일어	
한자	음	음	50음자
入閣	입각		にゅうかく

• 즙 – 즈우 = じゅう

한글		일어	
한자	음	음	50음자
果汁	과즙		かじゅう

• 집 – 시우 = しゅう

한글		일어	
한자	음	음	50음자
執着	집착		しゅうちゃく

• 첩 – 죠우 = じょう

한글		일어	
한자	음	음	50음자
疊韻	첩운		じょういん

• 탑 – 다우 – 도우 = とう

한글		일어	
한자	음	음	50음자
塔影	탑영		とうえい
搭載	탑재		とうさい

• 핍 – 하우 = ばう

한글		일어	
한자	음	음	50음자
缺乏	결핍		けつばう

- 합 - 고우 = ごう

한글		일어	
한자	음	음	50음자
合格	합격		ごうかく

- 협 - 교우 = きょう

한글		일어	
한자	음	음	50음자
脅威	협위		きょうい
挾軌	협궤		きょうき
挾擊	협격		きょうげき
峽谷	협곡		きょうこく

④ 한글 받침 ㅇ음자의 변형
  ㉮ ㅇ音→い語

  한글 중성모음 ㅕ, ㅓ는 일어에서 え(ㅔ)로 바뀌고, ㄱ 받침 ㅇ음은 い(이)語로 변형하였다.

한글	변형	일어	
		50음자	한자
경	겨이→게이	けい❶ けい	敬 景 輕 經 經 警 莖 傾 鯨
녕	녀이→네이	ねい	寧
령	려이→레이	れい❷	靈 鈴 齡 零 令
명	며이→메이	めい	名 明 命 鳴 銘
병	벼이→헤이	へい❸ べい	兵 竝 丙 併 柄 屛
성	서이→세이	せい❹	星 性 聲 成 聖 誠 性 盛
영	여이→에이	えい❺	永 泳 英 榮 映 營 詠 影

| 해설 |

❶ 경에서 초성ㄱ음은 ㄱ음으로 동음, 중성ㅕ음은 ㅔ음으로 대체변형, 종성ㅇ음은 받침어 이로 변형. 즉, 경→겨이→게이→けい로 변형.

❷ 령에서 초성ㄹ음은 ㄹ음으로 동음, 중성ㅕ음은 ㅔ음으로 대체변형, 종성ㅇ음은 받침어 이로 변형. 즉, 령→려이→레이→れい로 변형.

❸ 병에서 초성ㅂ음은 ㅎ음으로 변형, 중성ㅕ음은 ㅔ음으로 대체변형, 종성ㅇ음은 받침어 이로 변형. 즉, 병→벼이→헤이→へい로 변형.

❹ 성에서 초성ㅅ음은 ㅅ음으로 동음, 중성ㅕ음은 ㅔ음으로 변형, 종성ㅇ음은 받침어 이로 변형. 즉, 성→서이→세이→せい로 변형.

❺ 영에서 초성ㅇ음은 ㅇ음으로 동음, 중성ㅕ음은 ㅔ음으로 대체변형, 종성ㅇ음은 받침어 이로 변형. 즉, 영→여이→에이→えい로 변형.

◉ 관련단어

• 경 - 게이 = けい, げい

한글		일어	
한자	음	음	50음자
敬語	경어		けいご
京觀	경관		けいかん
輕量	경량		けいりょう
經歷	경력		けいれき
徑路	경로		けいろ
警備	경비		けいび
慶賀	경하		けいが
地下莖	지하경		ちかけい
鯨油	경유		げいゆ
傾向	경향		けいこう

• 녕 - 네이 = ねい

한글		일어	
한자	음	음	50음자
安寧	안녕		あんねい

• 령 – 레이 = れい

한글		일어	
한자	음	음	50음자
靈魂	영혼		れいこん
銀鈴	은령		きんれい
樹齡	수령		じゅれい
零下	영하		れいか
令達	령달		れいたつ

• 명 – 메이 = めい

한글		일어	
한자	음	음	50음자
名家	명가		めいか
明記	명기		めいき
命題	명제		めいだい
鳴動	명동		めいとう
銘柄	명병		めいがら

• 병 – 헤이 = へい, べい

한글		일어	
한자	음	음	50음자
兵力	병력		へいりょく
竝列	병렬		へいれつ
丙夜	병야		へいや
併用	병용		へいよう
柄臣	병신		へいしん
石屛	석병		へいべい

• 성 – 세이 = せい

한글		일어	
한자	음	음	50음자
星霜	성상		せいそう

性格	성격		せいかく
聲明	성명		せいめい
成果	성과		せいか
聖堂	성당		せいどう
誠意	성의		せいい
同城	동성		どうせい
盛德	성덕		せいとく

• 영 – 에이 = えい

한글		일어	
한자	음	음	50음자
永劫	영겁		えいごう
泳法	영법		えいはつ
英國	영국		えいこく
榮光	영광		えいこつ
映寫	영사		えいしゃ
營農	영농		えいのう
詠歌	영가		えいか
近影	근영		きんえい

㉕ ㅇ音→う語

㉮항의 중성 변형어 ㅓ,ㅕ→え(에)의 받침은 い語로 처리 되었고 나머지 중성모음 ㅏㅑㅗㅛㅜㅠㅡㅗㅛㅗㅛㅠㅠ 로 변형하고 おようおよゆりゅ그 받침은 모두 う(우)語로 하였다.

한글	일어	
	50음자	한자
강	こう きょう	降 康 鋼 綱 江 强
갱	こう	坑
공	こう くう きょう	功 攻 貢 孔 公 工 控 空 供 恭 恐

광	こう きょう	鑛 光 廣 狂
궁	きゅう	窮
긍	こう	肯
농	のう	濃
당	とう	糖 唐 黨 當 堂
동	とう どう	冬 凍 棟 同 動 童 口 銅
등	とう	登 等 燈 謄
랑	ろう	廊 浪 朗 郎
량	りょう	良 兩 量 凉 糧
룡	りゅう	龍
릉	りょう	陵
망	もう ほう	妄 網 忙 望 忘 亡
맹	もう	猛 盲
방	ほう ぼう	放 方 倣 訪 芳 邦 房 妨 傍 肪 紡 芳 坊
봉	ほう ぼう	俸 縫 奉 峰 封
붕	ほう	崩 棚
빙	ひょう	氷
상	しょう じょう ぞう そう	祥 尙 償 床 詳 賞 償 商 常 狀 上 象 像 霜 喪 想 相 桑
송	そう しょう	送 訟
승	しょう じょう	承 勝 昇 升 乘 繩
쌍	そう	雙
앙	おう ぎょう	央 仰
양	よう じょう	羊 洋 陽 楊 養 揚 釀 讓 壤 孃

옹	おう よう	擁 甕
왕	おう	王 往
용	よう ゆう	庸 用 踊 容 溶 勇
웅	ゆう	雄
융	ゆう りゅう	融 隆
응	おう ぎょう	應 凝
장	じょう しょう そう ぞう ちょう	場 丈 障 章 障 裝 章 匠 粧 裝 莊 葬 壯 臟 藏 長 帳 張 腸
쟁	そう	爭

⊙ 관련단어

• 강 – 고우 = こう, きょう

한글		일어	
한자	음	음	50음자
強度	강도		きょうど
降雨	강우		こうう
康寧	강녕		こうれい
鋼管	강관		こうかん
講堂	강당		こうどう
鋼紀	강기		こうき
江村	강촌		こうそん

• 갱 –고우 = こう

한글		일어	
한자	음	음	50음자
坑内	갱내		こうない

• 공 – 고우,교우 = こう,きょう

한글		일어	
한자	음	음	50음자
功勞	공로		こうろう
控訴	공소		こうそ
攻擊	공격		こうげき
貢獻	공헌		こうけん
孔版	공판		こうはん
恐縮	공축		きょうしゅく
恭順	공순		きょうじゅん
公開	공개		こうかい
供給	공급		きょうきゅう
空間	공간		くうかん
工法	공법		こうほう

• 광 –고우 =こう,きょう

한글		일어	
한자	음	음	50음자
鑛區	광구		こうく
光榮	광영		こうえい
廣告	광고		こうこく
狂氣	광기		きょうき

• 궁 = きゅう

한글		일어	
한자	음	음	50음자
穹屈	궁굴		きゅうくつ

• 긍 – 고우 = こう

한글		일어	
한자	음	음	50음자
肯定	긍정		こうてい

• 낭

한글		일어	
한자	음	음	50음자
娘子	낭자		じょうし

• 농 – 노우 = のう

한글		일어	
한자	음	음	50음자
濃縮	농축		のうしゅく

• 당 – 도우 = とう

한글		일어	
한자	음	음	50음자
糖類	당류		とうるう
唐詩	당시		とうし
黨員	당원		とういん
當年	당년		とうねん
堂堂	당당		どうどう

• 동 – 도우, 도″우 = とう, どう

한글		일어	
한자	음	음	50음자
棟梁	동량		とうりょう
凍結	동결		とうけつ
冬期	동기		とうき
童心	동심		どうしん
銅器	동기		どうき
勞動	노동		ろうどう
同期	동기		どうき

• 등 – 도우 = とう

한글		일어	
한자	음	음	50음자
登記	등기		とうき
等質	등질		とうしつ
燈臺	등대		とうだい
騰落	등락		とうらく

• 랑 – 로우 = ろう

한글		일어	
한자	음	음	50음자
廊下	낭하		ろうか
浪費	낭비		ろうひ
朗笑	랑소		ろうしょう
新郎	신랑		しんろう

• 량 – 료우 = りょう

한글		일어	
한자	음	음	50음자
良品	량품		りょうひん
兩國	량국		りょうこく
量水	량수		りょうすい
洋味	양미		りょうみ
糧食	양식		りょうしょく

• 룡 – 료우 – 류우 = りゅう

한글		일어	
한자	음	음	50음자
龍神	용신		りゅうじん

• 망 – 모우 = もう, ぼう

한글		일어	
한자	음	음	50음자
妄想	망상		もうそう
漁網	어망		ぎょもう
忙殺	망살		ぼうさつ
望見	망견		ぼうけん
忘却	망각		ぼうきゃく
亡命	망명		ぼうめい

• 맹 – 모우 = もう

한글		일어	
한자	음	음	50음자
猛犬	맹견		もうけん
盲啞	명아		もうあ

• 방 –호우 = ほう, ぼう

한글		일어	
한자	음	음	50음자
放流	방류		ほうりゅう
方法	방법		ほうほう
模倣	모방		もほう
訪客	방객		ほうきゃく
芳香	방향		ほうこう
邦樂	방악		ほうがく
煖房	난방		だんぼう
妨害	방해		ぼうがい
傍觀	방관		ぼうかん
脂肪	지방		しぼう
紡績	방적		ぼうせき
防共	방공		ぼうきょう

坊主	방주		ぼうず

• 봉 – 호우 = ほう, ぼう

한글		일어	
한자	음	음	50음자
俸給	봉급		ほうきゅう
縫合	봉합		ほうごう
奉仕	봉사		ほうし
秀峰	수봉		しゅうほう
棒鋼	봉강		ぼうこう
封建	봉건		ほうけん

• 붕 – 호우 = ほう

한글		일어	
한자	음	음	50음자
崩壞	붕괴		ほうかい
陸棚	륙붕		りくほう

• 빙 – 히우 = ひょう

한글		일어	
한자	음	음	50음자
氷結	빙결		ひょうけつ

• 상 – 소우 = しょう, じょう, ぞう, そう

한글		일어	
한자	음	음	50음자
祥月	상월		しょうつき
尙早	상조		しょうそう
償却	상각		しょうきゃく
溫床	온상		おんしょう
詳述	상술		しょうじゅつ
霜害	상해		そうがい

한자	음	음	50음자
喪失	상실		そうしつ
銅像	동상		どうぞう
想起	상기		そうき
相關	상관		そうかん
常勤	상근		じょうきん
狀態	상태		じょうたい
上記	상기		じょうき
賞用	상용		しょうよう
傷心	상심		しょうしん
桑田	상전		そうでん
商科	상과		しょうか
象牙	상아		ぞうげ

• 송 – 소우 = そう

한글		일어	
한자	음	음	50음자
訴訟	소송		そしょう
送別	송별		そうべつ

• 승 – 수우 = すう

한글		일어	
한자	음	음	50음자
崇高	숭고		すうこう

• 승 – 쇼우 = しょう, じょう

한글		일어	
한자	음	음	50음자
勝報	승보		しょうほう
乘馬	승마		じょうば
承繼	승계		しょうけい
自繩自縛	자승자박		じじょうじばく

一升	일승		いっしょう
昇降	승강		しょうこう

• 쌍 – 쏘우 = そう

한글		일어	
한자	음	음	50음자
無雙	무쌍		むそう

• 앙 – 오우 = おう, ぎょう

한글		일어	
한자	음	음	50음자
中央	중앙		ちゅうおう
仰天	앙천		ぎょうてん

• 양 – 요우 = よう, じょう

한글		일어	
한자	음	음	50음자
釀造	양조		じょうぞう
讓渡	양도		じょうど
高揚	고양		こうよう
土壤	토양		どじょう
令孃	영양		れいじょう
羊毛	양모		ようもう
洋服	양복		ようふく
陽子	양자		ようし
樣態	양태		ようたい
養老	양노		ようろう

• 옹 – 오우 = おう, よう

한글		일어	
한자	음	음	50음자
老翁	노옹		おうどう

| 擁護 | 옹호 | | おうふく |

• 왕 – 오우 = おう

한글		일어	
한자	음	음	50음자
王道	왕도		おうどう
往復	왕복		おうふく

• 용 – 요우,유 = よう,ゆう

한글		일어	
한자	음	음	50음자
中庸	중용		ちゅうよう
用途	용도		ようと
舞踊	무용		ぶよう
容量	용량		ようりょう
溶液	용액		ようえき
勇氣	용기		ゆうき

• 융 – 유우 = ゆう,りゅう

한글		일어	
한자	음	음	50음자
融解	융해		ゆうかい
隆起	융기		りゅうき

• 응 – 으우 = おう,ぎょう

한글		일어	
한자	음	음	50음자
應急	응급		おうきゅう
凝固	응고		ぎょうこ

• 잉

한글		일어	
한자	음	음	50음자
剩餘	잉여		じょうよ

• 장 – 조우 = じょう

• 장 – 소우 – 쇼우 = しょう,そう,ぞう,ちょう

한글		일어	
한자	음	음	50음자
臟器	장기		ぞうき
長期	장기		ちょうき
裝備	장비		そうび
場內	장내		じょうない
障壁	장벽		しょうへき
章句	장구		しょうく
帳面	장면		ちょうめん
張力	장력		ちょうりょく
腸閉	장폐		ちょうへい
將校	장교		しょうこう
山莊	산장		さんそう
丈夫	장부		じょうぶ
匠人	장인		しょうじん
葬式	장식		そうしき
壯觀	장관		そうかん
獎學	장학		しょうがく
化粧	화장		けしょう
掌中	장중		しょうちゅう
藏本	장본		ぞうほん

• 쟁 – 소우 = そう

한글		일어	
한자	음	음	50음자
爭論	쟁론		そうろん

• 종 – 조우 = そう, しゅう, じゅう

한글		일어	
한자	음	음	50음자
宗家	종가		そうか
終結	종결		しゅうけつ
縱谷	종곡		じゅうこく
從軍	종군		じゅうぐん

• 중 – 주우 –= じゅう, ちゅう, しゅう

한글		일어	
한자	음	음	50음자
重加	중가		じゅうか
中間	중간		ちゅうかん
仲介	중개		ちゅうかい
衆論	중론		しゅうろん

• 증 – 즈우 = じょう, ぞう

한글		일어	
한자	음	음	50음자
蒸氣	증기		じょうき
贈與	증여		ぞうよ
愛憎	애증		あいぞう
增大	증대		ぞうだい

• 징 – 쵸우 = ちょう

한글		일어	
한자	음	음	50음자
懲戒	징계		ちょうかい
徵候	징후		ちょうこう
澄明	징명		ちょうめい

• 창 – 소우 = そう, しょう, ちょう

한글		일어	
한자	음	음	50음자
創立	창립		そうりつ
唱歌	창가		しょうか
膨脹	팽창		ぼうちょう
表彰	표창		ひょうしょう
倉庫	창고		そうこ

• 총 – 소우 = そう

한글		일어	
한자	음	음	50음자
總力	총력		そうりょく

• 충 – 츄우 = ちゅう

한글		일어	
한자	음	음	50음자
蛔蟲	회충		かいちゅう
沖天	충천		ちゅうてん
衷心	충심		ちゅうしん
忠告	충고		ちゅうこく
衝突	충돌		しょうとつ
充實	충실		じゅうじつ

• 층 – 소우 = そう

한글		일어	
한자	음	음	50음자
層雲	층운		そううん

• 칭

한글		일어	
한자	음	음	50음자
稱號	칭호		しょうごう

• 탕 – 다우 – 도우 = とう

한글		일어	
한자	음	음	50음자
湯水	탕수		ゆみず

• 통 – 도우 = とう, どう

한글		일어	
한자	음	음	50음자
円筒	원통		えんとう
洞察	통찰		どうさつ
統一	통일		とういつ
通關	통관		つうかん
痛切	통절		つうせつ

• 풍 – 후우 = ふう, ほう

한글		일어	
한자	음	음	50음자
風紋	풍문		ふうもん
重年	풍년		ほうねん

• 항 – 고우 = こう

한글		일어	
한자	음	음	50음자
港口	항구		こうこう
恒常	항상		こうじょう
抗議	항의		こうぎ
事項	사항		じこう
航空	항공		こうくう

• 행 – 고우 = こう

한글		일어	
한자	음	음	50음자
幸福	행복		こうふく
行動	행동		こうどう

• 향 – 교우 = こう, きょう

한글		일어	
한자	음	음	50음자
鄕里	향리		きょうり
享受	향수		きょうじゅ
向學	향학		こうかく
音響	음향		おんきょう
香料	향료		こうりょう

• 홍 – 고우 = こう

한글		일어	
한자	음	음	50음자
紅彩	홍채		こうさい

• 황 - 고우 = こう, きょう

한글		일어	
한자	음	음	50음자
黃道	황도		こうどう
皇族	황족		こうぞく
荒天	황천		こうてん
近況	근황		きんきょう
恐慌	공황		きょうこう

• 흉 - 교우 = きょう

한글		일어	
한자	음	음	50음자
凶作	흉작		きょうさく
胸骨	흉골		きょうこつ

• 흥 - 고우 = こう

한글		일어	
한자	음	음	50음자
興國	흥국		こうこく

(2) 받침음

한글의 자음+모음+자음(받침) 글자형태에서 종성자음을 받침이라 하는데 한글의 받침으로는 ㄱㄴㄷㄹㅁㅂㅇ의 7개의 자음의 받침이 있다. 일어 50음자에서는 원칙적으로 글자의 받침이 없는 문자이다. 다만 통용하는 말중에 받침의 형태로 발음되는 부분을 ん(응)字로 만들어 말과 말사이에 음조적 형태로 쓰고 있다.

일어 50음자에서 ん(응)字 한글의 받침원리와 비슷하나 음의 부분에서 한음절 분의 길이를 갖는 것이 한글과 다르다.

50음자의 동음어, 변형어의 받침으로 구분하였으며 발음은 일반적으로 한글의 ㄴ으로 발음하다가 ㅁ, ㅇ쪽으로도 발음하는 경우가 있다.

① 한글 받침 ㄴ, ㅁ음자의 변형

한글 받침 ㄴ, ㅁ은 일어 50음자에서 ん자로 변형하고 글자와 글자사이에 써서 음절을

조정하는 형태로 쓰고 있다.

• 동음어 받침(ん음)

간　干刊看間幹簡刊肝		
한자	한글	일어 50음자
干涉	간섭	かんしょう
刊行	간행	かんこう
看病	강병	かんびょう
間隔	간격	かんかく
幹線	간선	かんせん
簡明	간명	かんめい
發刊	발간	はっかん
肝臟	간장	かんぞう

감　感鑑憾勘敢監甘堪		
한자	한글	일어 50음자
感動	감동	かんどう
年鑑	연감	ねんかん
遺憾	유감	いかん
勘當	감당	かんどう
果敢	과감	かかん
監督	감독	かんとく
甘言	감언	かんげん
堪能	감능	かんのう

곤　困昆		
한자	한글	일어 50음자
困窮	곤궁	こんきゅう
昆蟲	곤충	こんちゅう

군　君軍郡群		
한자	한글	일어 50음자
君民	군민	くんみん
軍用	군용	ぐんよう
郡縣	군현	ぐんけん
群島	군도	ぐんとう

균　均		
한자	한글	일어 50음자
均等	균등	きんとう

긴　緊		
한자	한글	일어 50음자
緊密	긴밀	きんみつ

난　難		
한자	한글	일어 50음자
難解	난해	なんかい

균　菌		
한자	한글	일어 50음자
細菌	세균	さいきん

단　單短團段斷丹鍛壇端		
한자	한글	일어 50음자
單一	단일	たんいつ
短見	단견	たんけん
團結	단결	だんけつ
段階	단계	だんかい
斷食	단식	だんじき
丹精	단정	たんせい

鍛鍊	단련	たんれん
壇上	단상	だんじょう
先端	선단	せんたん

담 擔談淡膽		
한자	한글	일어 50음자
擔當	담당	たんとう
談笑	담소	だんしょう
冷淡	냉담	れいたん
膽力	담력	たんりょく

돈 豚		
한자	한글	일어 50음자
養豚	양돈	ようとん

란 亂卵欄		
한자	한글	일어 50음자
亂立	난립	らんりつ
卵巢	란소	らんそう
空欄	공란	くうらん

람 覽濫		
한자	한글	일어 50음자
觀覽	관람	かんらん
濫用	남용	らんよう

론 論		
한자	한글	일어 50음자
論客	론객	ろんかく

륜 輪		
한자	한글	일어 50음자
輪廓	륜곽	りんかく

린 隣		
한자	한글	일어 50음자
近隣	근린	きんりん

림 林 臨		
한자	한글	일어 50음자
林道	림도	りんどう
臨界	림계	りんかい

만 万 滿 漫 慢		
한자	한글	일어 50음자
万年	만년	まんねん
滿水	만수	まんすい
漫然	만연	まんぜい
自慢	자만	じまん

민 民		
한자	한글	일어 50음자
民事	민사	みんじ

산 産 散 算 酸 傘		
한자	한글	일어 50음자
産物	산물	さんぶつ
散漫	산만	さんまん
算術	산술	さんじゅつ
酸性	산성	さんせい
傘下	산하	さんか

삼 三		
한자	한글	일어 50음자
三景	삼경	さんけい

손 孫 損		
한자	한글	일어 50음자
孫	손	そん
損害	손해	そんがい

순 旬循殉盾瞬巡		
한자	한글	일어 50음자
中旬	중순	ちゅうじゅん
循環	순환	じゅんかん
殉職	순직	じゅんしょく
矛盾	모순	むじゅん
瞬間	순간	しゅんかん
巡廻	순회	じゅんかい

신 申身臣神信新紳娠迅辛薪愼伸		
한자	한글	일어 50음자
申請	신청	しんせい
身邊	신변	しんべん
臣下	신하	しんか
神格	신격	しんかく
信服	신복	しんぷく
新式	신식	しんしき
紳士	신사	しんし
姙娠	임신	にんしん
迅速	신속	じんそく
辛酸	신산	しんさん
薪炭	신탄	しんたん

漢字	한글	일어 50음자
愼重	신중	しんちょう
伸長	신장	しんちょう

심 心深審尋甚

한자	한글	일어 50음자
心神	심신	しんしん
深海	심해	しんかい
審判	심판	しんばん
審問	심문	じんもん
甚寒	심한	じんかん

안 安案

한자	한글	일어 50음자
安全	안전	あんぜん
案內	안내	あんない

암 暗

한자	한글	일어 50음자
暗黑	암흑	あんこく

온 溫溫

한자	한글	일어 50음자
溫泉	온천	おんせん
平溫	평온	へいおん

완 腕

한자	한글	일어 50음자
腕力	완력	わんりょく

운 運		
한자	한글	일어 50음자
運動	운동	うんどう

은 隱		
한자	한글	일어 50음자
隱居	은거	いんきょ

음 陰		
한자	한글	일어 50음자
陰影	음영	いんえい

인 引印因姻		
한자	한글	일어 50음자
引率	인솔	いんそつ
印鑑	인감	いんかん
因果	인과	いんが
婚姻	혼인	こんいん

잔 殘棧		
한자	한글	일어 50음자
殘金	잔금	ざんきん
棧橋	잔교	さんばし

잠 蠶		
한자	한글	일어 50음자
蠶絲	잠사	さんし

존 存尊		
한자	한글	일어 50음자
存在	존재	そんざい

| 尊體 | 존체 | そんたい |

준 準俊遵准

한자	한글	일어 50음자
準備	준비	じゅんび
俊才	준재	しゅんさい
遵守	준수	じゅんしゅ
批准	비준	ひしゅん

진 眞進陳唇振震盡診

한자	한글	일어 50음자
眞理	진리	しんり
進軍	진군	しんぐん
退陣	퇴진	たいじん
唇齒	진치	しんし
振動	진동	しんどう
地震	지진	じしん
盡力	진력	じんりょく
檢診	검진	けんしん

찬 贊

한자	한글	일어 50음자
贊同	찬동	さんどう

참 慘

한자	한글	일어 50음자
慘事	참사	さんじ

춘 春

한자	한글	일어 50음자
春菊	춘국	しゅんぎく

친 親		
한자	한글	일어 50음자
親書	친서	しんしょ

침 侵寢浸沈		
한자	한글	일어 50음자
侵略	침략	しんりゅく
就寢	취침	しゅうしん
浸透	침투	しんとう
擊沈	격침	げきちん

탄 炭誕嘆彈		
한자	한글	일어 50음자
炭鑛	탄광	たんこう
誕生	탄생	たんじょう
感歎	감탄	かんたん
彈壓	탄압	だんあつ

탐 探		
한자	한글	일어 50음자
探求	탐구	たんきゅう

• 변형어 받침(ん음)

반 反半班飯搬般畔頒盤件		
한자	한글	일어 50음자
反對	반대	はんたい
半眼	반안	はんがん
班給	반급	はんきゅう
飯坮	반대	はんだい
運搬	운반	うんぱん
全般	전반	ぜんぱん

湖畔	호반	こはん
頒價	반가	はんか
基盤	기반	きばん
同伴	동반	どうはん

변 邊變弁		
한자	한글	일어 50음자
邊防	변방	へんぼう
變質	변질	へんしつ
弁論	변론	べんろん

본 本		
한자	한글	일어 50음자
本宅	본택	ほんたく

분 粉奮分墳雰憤噴紛		
한자	한글	일어 50음자
粉末	분말	ふんまつ
奮發	분발	ふんぱつ
分明	분명	ぶんめい
墳墓	분묘	ふんぽ
雰圍氣	분위기	ふんいき
憤慨	분개	ふんがい
噴火	분화	ふんか
紛爭	분쟁	ふんそう

빈 貧賓頻		
한자	한글	일어 50음자
貧困	빈곤	ひんこん
來賓	내빈	らいひん
頻繁	빈번	ひんぱん

판 判板版販		
한자	한글	일어 50음자
判決	판결	はんけつ
板木	판목	はんぎ
板權	판권	はんけん
販賣	판매	はんぱい

편 片編遍偏		
한자	한글	일어 50음자
片鱗	편린	へんりん
編修	편수	へんしゅう
普遍	보편	ふへん
偏見	편견	へんけん

한 寒漢閑		
한자	한글	일어 50음자
寒氣	한기	かんき
漢文	한문	かんぶん
閑散	한산	かんさん

함 艦陷含		
한자	한글	일어 50음자
艦船	함선	かんせん
陷落	함락	かんらく
含有	함유	がんゆう

헌 憲獻獻		
한자	한글	일어 50음자
憲法	헌법	けんぽう
獻身	헌신	けんしん
獻燈	헌등	けんとう

험 險		
한자	한글	일어 50음자
險峻	험준	けんしゅん

현　縣現顯玄賢縣弦		
한자	한글	일어 50음자
懸磬	현경	けんけい
現員	현원	げんいん
顯在	현재	けんざい
玄米	현미	げんまい
賢明	현명	けんめい
縣賞	현상	けんしょう
管弦	관현	かんげん

혐　嫌		
한자	한글	일어 50음자
嫌疑	혐의	けんぎ

혼　混婚魂		
한자	한글	일어 50음자
混合	혼합	こんごう
婚約	혼약	こんやく
魂膽	혼담	こんたん

훈　勳熏訓		
한자	한글	일어 50음자
勳章	훈장	くんしょう
薰風	훈풍	くんぷう
訓戒	훈계	くんかい

Part V

실용 예문

일어한자를 자습으로 익히려 하는 독자는 일어 50음자 생성원리와 그 문자의 "음"으로부터 공부함을 우선으로 하고 "훈"은 앞에서 언급한 바와 같이 시간을 갖고 서서히 익혀 나감이 바람직하지 않을까 생각한다.

일어한자 읽기와 단어공부를 충분히 습득하고 문장이나 독해에 필요한 기본 단어에 대한 기초상식을 점검하고 실용편으로 들어가기 바란다.

원고는 내일 오후까지면 할 수 있을 것 같아요.

step 1 법칙적용, 단어정리

- 원고 – 겐고
- 내일 – 아시다
- 오후 – 고고

step 2 일어 50음자로 표현하기

- 겐고와 아시다노 고고마테나라
  原稿は あしたの 午後まてなら
  데기루도 오모이 마쓰.
  できる 思い ます。

비가 와서 그런지 창문에 김이 서렸네.

step 1 법칙적용, 단어정리

- 비가 와서 - 아메가 훗데루
- 그런지 - ~가라
- 창문에 - 마도가라스
- 김이 서렸네 - 구못데루네

step 2 일어 50음자로 표현하기

- 아메가 훗데루가라 마도가라가 구못데루네.
  雨が 降ってるから 窓からが 曇ってるね。

이 옷 그냥 입고 갈게요.

step 1 법칙적용, 단어정리

- 이 옷 – 고노 후쿠
- 그냥 입고 – 고노마마 깃데
- 갈게요 – 이끼마스

step 2 일어 50음자로 표현하기

- 고노 후쿠 고노마마 깃데 이끼마스.
  この 服 このまま 着て いきます。

일상회화 정도면 아주 쉬워요.

step 1 법칙적용, 단어정리

- 일상회화(日常會話) - 니찌죠우가이와(にちじょうかいわ)
- 아주쉽다(楽勝) - 라구죠우(らくじょう)
- ~정도 - 구라이(くらい)
- ~면 - 나리, 나라(なら)

step 2 일어 50음자로 표현하기

- 니찌죠우가이와 구라이나라 라구죠우 데스요.
  にちじょうかいわ ぐらいなら らくじょう ですよ。
  日常會話 ぐらいなら 楽勝 ですよ。

장소는 어디로 할까요?
우선 역앞에 있는 커피숍에서 만나기로 할까요?

step 1 법칙적용, 단어정리

- 장소(場所) – 음: じょう, しょ 훈: ば, ところ
- 어디로 – どこに
- 할까요? – しましょうか
- 하지않을래요? – しませんか
- 우선 – 도리아에즈(とりあえず)
- 역전에 있는 – えきまえにある
- 커피숍 – コ-ヒ-シヨシプ
- 만나다 – あうことに

step 2 일어 50음자로 표현하기

- 場所は どこに しましょうか。とりあえず
  驛前にある コ-ヒ-シヨシプで あうことに しませんか。

이 옷 물세탁이 가능한가요?

step 1 법칙적용, 단어정리

- 이 옷(服) – 음: ふく 훈: きもの
- 물세탁(水洗) – 음: すいせん 훈: みずあらう
- 가능(可能) – 음: かのう=できろん 훈: べし, よい

step 2 일어 50음자로 표현하기

- 고노 후크 미즈아라이데 데끼론 데스까.
  この 服 水洗いて てきろん ですか。

그 다음에 물로 헹군 뒤에 물기를 빼세요.

step 1 법칙적용, 단어정리

- 그 다음에 – その次に
- 次 – 음: じ 훈: つく, つぎ
- 물로 헹군 뒤에 – 미스데 아랏데 가라(水洗)
- 물기를 – 미즈기오(水氣)
- 빼 – 돗데(取)
- 주세요 – 구다사이

step 2 일어 50음자로 표현하기

- 소노즈기니 미스데 아랏데가라 미스기오 돗데 구다사이.
  その 次に 水て 洗ってから 水氣を 取って ください。

손님 어떤 물건 찾으세요?

step 1 법칙적용, 단어정리

- 손님(客様) – 음: きゃく, かく, よう 훈: まれひと, さま
- 어떤(河어찌하) – 음: か 훈: なに, なん
- 물건(物件) – 음: ぶつけん 훈: ものけん

step 2 일어 50음자로 표현하기

- 오갸꾸사마 나니가 오사가시데 데스까
  お客様　何か　お様して ですか。

미안하지만 10만엔 좀 꿔줄래?
다음주에 갚을 테니까.

step 1 법칙적용, 단어정리

- 惡 – 음: あく, あつ 훈: ある
- 貸 – 음: たい 훈: かす
- 返갚을반 – 음: へん 훈: かえす, あえる

step 2 일어 50음자로 표현하기

- 와루이게도 쥬만엥가 시데 모라에루?
  라이슈 가에스까라.
  惡いけと 十万円貸して もらえる?
  來週返すがら。

오늘은 제가 식사준비를 하겠습니다.

step 1 법칙적용, 단어정리

- 오늘은(今日) – きょうは
- 제가(私) – わたしが
- 식사준비를(食事準備) – しょくじのじゅんひを
- 하겠습니다 – します

註 ①금(今) – 음: きん, こん 훈: いま
　②금(金) – 음: きん, こん 훈: かね

step 2 일어 50음자로 표현하기

- 교와 와다시가 쇼꾸지준히오 시마쓰.
  今日は 私か 食事の 準備を します。

경주는 다수의 일본인 관광객들이 방문하는 관광명소입니다.

step 1 법칙적용, 단어정리

- 경주(慶州) – けいしゅう or 경주
- 다수(多數) – たすう
- 일본인(日本人) – にほんじん
- 관광객(觀光客) – かんこうきゃく
- 방문(訪問)하는 – ほうもんして
- 관광명소(觀光名所) – かんこうめいしょ

step 2 일어 50음자로 표현하기

- 게이슈와 다스우노 니혼진 간고우갸끄가
  慶州は 多數の 日本人 觀光客が

  호몬시데 간고우메이쇼 데스
  訪問して 觀光名所です。

이 건물의 석조부문만은 당시의 모습(모양) 그대로 입니다.

step 1 법칙적용, 단어정리

- 건물(建物) – たてもの
- 석조부분(石造部分) – せきじょうふぶん
- 당시모습(모양)(當時模樣) – とうしのもよう

註 ①건물(建物) – 음: けんもっ 훈: たてもの

step 2 일어 50음자로 표현하기

- 고노 다데모노노 세기조우후훈 다게와
  この 建物の 石造部分 だけは

  도우시노 모요우(도우시노마마)데스.
  當時の 模樣です。

영어로 일상회화를 할 수 있으면 하는데요.

step 1 법칙적용, 단어정리

- 영어(英語) – えいご
- 일상회화(日常會話) – にちじょうかいわ

step 2 일어 50음자로 표현하기

- 에이고데 니치죠우가이와가 데끼루 요우니 나리다인 데스게도.
  英語で 日常會話わが できる ように なりたいん ですけと。

일본을 출국할 때까지 개봉하지 마십시오.
또한, 소비한 경우에는 소비세가 징수됩니다.

step 1 법칙적용, 단어정리

- 일본(日本) – にほん
- 출국(出國) – しゅっこく
- 개봉(開封) – かいふう
- 소비(消費) – しょうひ
- 소비세(消費稅) – しょうひせい
- 징수(徵收) – ちょうしゅう

  註 ①일(一) – 음: いつ, いち 훈: ひと ひとつ
     ②일(日) – 음: につ, にち 훈: ひか

step 2 일어 50음자로 표현하기

- 니혼오 슛즈고꾸스루마데 가이후 시나이데 구다사이.
  나오 쇼우히시다 바아이니와 쇼우히세오 쵸우슈사레마스.
  日本を 出國するまで 開封しないで くたさい。
  なお、消費した 場合には 消費税を 徴収されます。

조사부터 완성까지 31년간. 직면한 수많은
난공사를 최첨단 기술로 극복하였다.

step 1 법칙적용, 단어정리

- 조사(調査)부터 – ちょうさから
- 완성(完成)까지 – かんせいまて
- 31년간(年間) – さんじゅういちねんかん
- 직면(直面)할 – ちょくめんする
- 수많은(幾多)の – きたの
- 난공사(難工事)를 – なんこうしを
- 최첨단기술(最尖端技術)로 – さいせんたんきしゅつが
- 극복(克復)하였다 – こくふくした

step 2 일어 50음자로 표현하기

- 조우사까라 간세이마데 산쥬이찌렌간 촉구멘스루
  기다노 난고우시오 사이센단기숫스가 고구후구시다.
  調査から 完成まて 31年間. 直面する
  幾多の 難工事を 最尖端技術が 克復した。

경기판단에서 급속히 라는 표현을
사용하기는 1975년 이후 처음이다.

step 1 법칙적용, 단어정리

- 경기판단(景氣判斷) – けいきはんたん
- 급속(急速) – きゅうそく
- 표현(表現) – ひょうげん
- 사용(使用) – しょう
- 1975년(年) – ねん
- 이후(以後) – いご
- 처음(始初) – はじめました

step 2 일어 50음자로 표현하기

- 게이기 한단데 까라 규소꾸니 효겐오 시요우시데 1975까라 하지메 마시다.

  景氣判斷てから 急速に 表現を 使用して 1975年以後 始初ました。

생산과 수출이 사상 최대 폭으로 감소하고 있는 등
경기악화가 가속화 됨에 따라 경기 기조판단을
4개월 연속 수정한 것이다.

step 1 법칙적용, 단어정리

- 생산(生産)과 – せいさんと
- 수출(輸出)이 – ゆしゅつが
- 사상최대폭(史上最大幅) – しじょうさいたいふく
- 경기악화(景氣惡化) – けいきあっか
- 가속화(加速化) – かそくか
- 기조판단(基調判斷) – きちょうはんたん
- 4개월(四個月) – よんかつ
- 연속수정(連續修訂) – れんそくしゅうせい

step 2 일어 50음자로 표현하기

- 세이산도 유스즈 시죠우 사이다이 후꾸니 겐쇼우시다이데
  이루 게이끼 앗가가 가소 꾸가시떼이루까라 게이기
  기소한단오 욘가쓰 렌소꾸가교우 수세이이루데스.
  生産と 輸出が 史上最大幅 から 減少して いると けきいあくが
  加速化して いるから 景氣基調判斷を 4個月 連續修訂いるです。

16일 발표한 1월 경제보고서에서 경기의 기조판단을 작년 12월에 악화 되고 있다에서 "급속히 악화되고 있다"로 하향 조정 했다.

step 1 법칙적용, 단어정리

- 발표(發表)한 – はっひょう
- 일월(一月) – いちがつ
- 경제보고서(經濟報告書) – けいざいほこしょ
- 급속히악화(急速惡化) – きゅうそくあくか
- 하향(下向) – かきょう
- 조정(調訂) – ぞせいくちょうてい

step 2 일어 50음자로 표현하기

- 쥬로꾸니찌 핫스효우시떼 이찌가스 게이자이
  호고쇼까라 게이기노 기소한단오
  16日字 發表して 1月 經濟報告書から 景氣の
  基調判斷を
  교넨 쥬니가쓰노 아그가시떼 마쓰니 "규우소꾸에 아그가시데
  이마쓰" 가교우 죠세이 시마쓰.
  昨年12月の 惡貨してますに 急速へ 惡化して いますへ
  下向調整います.

수혈용 혈액이 부족하대.
저출산 고령화로 헌혈하는 사람도 줄고 있으니까
젊은이들의 적극적인 참여가 요구돼.

step 1 법칙적용, 단어정리

- 수혈용(輸血用) – ゆけつよう
- 혈액(血液) – けつえき
- 부족(不足) – ぶそく
- 저출산(少子) – しょうし
- 고령화(高齢化) – こうれいか
- 헌혈(獻血) – けんけつ

- 젊은이(若者) – わかもの
- 적극적(積極的) – せっきょくき
- 참여(参加) – さんか
- 요구(求) – もとめる

註 ①수혈(輸血) – 음: ゆけつ
　②저출산(低出産) – 음: ていしゅっさん=少子 훈: しょうし
　③요구(求) – 음: きゅう 훈: もとめる

step 2 일어 50음자로 표현하기

- 유겟쓰요우 겟쓰에끼가 후소꾸시떼루 소우요
輸血用の 血液が 不足してる そうよ。

쇼우시 고레이가데 겐게쓰수루 히도모 헷데루
少子 高齢化が 獻血する 人も 減ってる

가라네. 와까모노노 셋즈 교꾸데끼나
がらね。若者の 積極的な

산가가 모또메라레 루네.
さんかが 求められ るね。

| 寫眞集 |　　東京灣アクアラインの
技術者の夢が　すぇてがわかる。
ここに実現!!
調査から完成まで31年間。
直面する幾多の難工事を最先端技術が克服した!

step 1 법칙적용, 단어정리

- 發寫眞集 – しゃしんしゅう
- 東京灣 – とうきょうまん
- 技術者の夢が – きじゅっしゃのもう(ゆめ)
- 実現 – じっげん
- 調査 – ちょうさ
- 完成 – かんせい
- 年間 – ねんかん
- 直面 – ちょくめん
- 幾多 – きた(いくた)
- 難工事 – なんこうじ
- 最先端 – さいせんたん
- 克服 – こくふく

step 2 일어 50음자로 표현하기

- しゃしんしゅう とうきょうまん アクアラインの
  きじゅっしゃのもう(ゆめ)が　ここにじっけん すべてがわかる。
  ちょうさから かんせいまで さんじゅういちねんかん。
  ちょくめんする きた(いくた)の なんこうじを
  さいせんたんきじゅつが こくふくした！

川崎から木更津で、風の塔、海ほたる２つの
人工島を結んだ10Kmの 世界最大級の海底
ツールドトソネルと5Kmの 海上橋梁が結ぶ。

step 1 법칙적용, 단어정리

- 輸川崎 – 훈어. かわさき
- 木更津 – きざうづ
- 風 – ふう
- 塔 – とう
- 海 – かい(うみ)
- 人工島 – じんこうと
- 結 – けつ
- 世界最大級 – せかいさいたしきゅう
- 海底 – かいてい
- 海上橋梁 - かいそうきょりょう
- 結 - けつ

step 2 일어 50음자로 표현하기

- かわさきからきざうづまて、ふうのとう、かいほたるにつの
  じんこう(しま)とをけつんたじゅうKmの せかいさいたしきゅうの かいてい
  ツールドトソネルと ごKmの かいそうきょりょう けつふ。

都市交通の 多様性と 効率性
現代版の 運河の 生かし方
河岸と 港湾の 空間構造
舟運の 河川航路と 用水路。

step 1 법칙적용, 단어정리

- 都市交通 – としこうつう
- 効率性 – こうりつせい
- 運河 – うんか
- 河岸 – かがん
- 空間構造 – こうかんこうぞう
- 河川 – かせん
- 用水路 – ようすいろ

- 多様性 – たようせい
- 現代版 – けんたいはん
- 生 – せい
- 港湾 – こうわん
- 舟運 – しゅううん
- 航路 – こうろ

step 2 일어 50음자로 표현하기

- としこうつう たようせいと こうりつせい
  けんたいはんの うんかの せいかしほう
  かがんと こうわんの こうかんこうぞう
  しゅううんの かせん こうろと ようすいろ。

東京灣アクアラインは 東京灣岸道路、首都圏
中央連絡自動車道、東京外郭環狀
道路 東關東自動車道どと連絡することに
より 幹線道路ネトクーケを 形成し、
都市圏を 形成し、東京圏全体の
調和の ある發展を促します。

step 1 법칙적용, 단어정리

- 東京灣岸道路 – とうきょうわんがんとろ、
- 中央連絡 – ちゅうおうれんらく
- 外郭環狀 – かいかくかんじょう
- 幹線 – かんせん
- 都市圏 – としけん
- 調和 – ちょうわ
- 促 – そく

- 首都圏 – しゅとけん
- 自動車道 – じとうしゃと
- 連絡 – れんらく
- 形成 – へいせい
- 全体 – ぜんたい
- 發展 – はつてん

step 2 일어 50음자로 표현하기

- とうきょうわん アクアラインは とうきょうわんがんとろ、
  しゅとけんちゅうおうれんらく
  じとうしゃと、とうきょう かいかくかんじょうとろ
  とうかんとうじとうしゅと、わんけつする
  ことにより かんせんとろ ネトクーケを
  へいせいし としけんを へいせいし。

부록

1. 한글과 일어 50음자와의 음의 상관표
2. 일본 초·중등학교 교육용 한자의 동음어, 변형어 받침어와 받침음의 분류

1. 한글과 일어 50음자의 음의 상관표

우리글은 여러 변천과정을 거쳐 현재 자음 14字와 모음 10字로 쓰고 있다. 그 중 초성과 종성에 두루쓰는 자음과 중성에만 쓰는 모음이 있다. 일어의 문자와 한국어의 음의 관계를 차례로 비교해 보기로 하겠다.

1) 한국어와 일어의 청음

자음, 모음이 어울려 만들어 지는 한국어와 일어 50音字의 기본적인 청음과의 음의 관계를 표시해 보면 다음과 같다. 이 표에서 일어의 공간이 있음은 음의 대응에서 부족함을 보여준다.

자음\모음	ㅏ	ㅑ	ㅓ	ㅕ	ㅗ	ㅛ	ㅜ	ㅠ	ㅡ	ㅣ	(ㅔ)	(ㅘ)
ㄱ	か				こ		く			き	け	
ㄴ	な				の		ぬ			に	ね	
ㄷ	た				と						て	
ㄹ	ら				ろ		る			り	れ	
ㅁ	ま				も		む			み	め	
ㅂ												
ㅅ	さ				そ				す	し	せ	
ㅇ	あ	や			おを		う	ゆ		い	え	わ
ㅈ									つ			
ㅊ										ち		
ㅋ												
ㅌ												
ㅍ												
ㅎ	は				ほ				ふ ん	ひ	へ	

※46字(音)

2) 한국어와 일어의 탁음, 반탁음

탁음이란 청음「か행, さ행, た행, は행」의 오른쪽 위에 탁음부호「 ゛」가 찍힌것을 말하고 반탁음은 청음「は행, ひ행, ふ행, へ행, ほ행」의 오른쪽 위에「 ゜」이 찍힌 글자를 말한다.

자음\모음	ㅏ	ㅑ	ㅓ	ㅕ	ㅗ	ㅛ	ㅜ	ㅠ	ㅡ	ㅣ	(ㅔ)	(ㅚ)
ㄱ	が				ご		ぐ			ぎ	げ	
ㄴ												
ㄷ	だ				ど						で	
ㄹ												
ㅁ												
ㅂ	ば				ぼ		ぶ			び	べ	
ㅅ												
ㅇ		や										
ㅈ	ざ				ぞ				ず	じ	ぜ	
ㅊ										ぢ		
ㅋ												
ㅌ												
ㅍ												
ㅎ												
ㅉ									づ			
ㅃ	ぱ				ぽ		ぷ			ぴ	ぺ	

※25字(音)

3) 한국어와 일어의 요음

「き, し, ち, に, ひ, み, り, ぎ, じ, ぢ, び, ぴ」에 반모음인「や, ゆ, よ」를 작게 써서 한음절로 발음하는 글자를 요음이라고 한다. 즉「き」에「や」가 작은 글자로 붙으면「きゃ」가 되고「갸」로 발음한다.

자음\모음	ㅏ	ㅑ	ㅓ	ㅕ	ㅗ	ㅛ	ㅜ	ㅠ	ㅡ	ㅣ	(ㅔ)	(ㅘ)
ㄱ		きゃ ぎゃ				きょ ぎょ		きゅ ぎゅ				
ㄴ		にゃ				にょ		にゅ				
ㄷ												
ㄹ		りゃ				りょ		りゅ				
ㅁ		みゃ				みょ		みゅ				
ㅂ		びゃ				びょ		びゅ				
ㅅ		しゃ				しょ		しゅ				
ㅇ												
ㅈ		じゃ ぢゃ				じょ ぢょ		じゅ ぢゅ				
ㅊ		ちゃ				ちょ		ちゅ				
ㅋ												
ㅌ												
ㅍ												
ㅎ		ひゃ				ひょ		ひゅ				
ㅉ												
ㅃ		ぴゃ				ぴょ		ぴゅ				

※36字(音)

4) 한국어와 일어의 대응

한국어는 초성인 자음과, 중성인 모음, 종성인 자음의 어울림으로 글자로 表記하고 발음하는데 반하여 일어는 우리의 자음과 모음이 합성된 형태의 글자로 표기하고 발음하고 있다. 앞의 1)의 46字音, 2)의 25字音, 3)의 36字音 모두 107字音으로 일어는 표현되고 있다. 결과적으로 한국어와 일어와의 관계는 청음, 탁음, 반탁음, 요음으로 표현하는 107字音과의 관계가 있음을 보여준다.

자음＼모음	ㅏ	ㅑ	ㅓ	ㅕ	ㅗ	ㅛ	ㅜ	ㅠ	ㅡ	ㅣ	(ㅔ)	(ㅘ)
ㄱ	か が	きゃ ぎゃ			こ ご	きょ ぎょ	く ぐ	きゅ ぎゅ		き ぎ	け げ	
ㄴ	な	にゃ			の	にょ	ぬ	にゅ		に	ね	
ㄷ	た だ				と ど					て で		
ㄹ	ら	りゃ			ろ	りょ	る	りゅ		り	れ	
ㅁ	ま	みゃ			も	みょ	む	みゅ		み	め	
ㅂ	ば	びゃ			ぼ	びょ	ぶ	びゅ		び	べ	
ㅅ	さ	しゃ			そ	しょ		しゅ	す	し	せ	
ㅇ	あ				おを		う	ゆ		い	え	わ
ㅈ	ざ	じゃ ぢゃ			ぞ	じょ ぢょ	じゅ ぢゅ	じゅ ぢゅ	つ づ	じ ぢ	ぜ	
ㅊ		ちゃ				ちょ		ちゅ		ち		
ㅋ												
ㅌ												
ㅍ												
ㅎ	は	ひゃ			ほ	ひょ		ひゅ	ふ	ひ	へ	
ㅉ									づ			
ㅃ	ぱ	ぴゃ			ぽ	ぴょ	ぷ	ぴゅ		ぴ	ぺ	
								ん				

※ (가46字+나25字+다36字) 107字(音)

2. 일본 초·중등학교 교육용 한자의 동음어, 변형어, 받침어와 받침음의 분류

◎ 동음어　　　　◎ 받침어

◎ 변형어　　　　◎ 받침음

◎ 동음어   한국어   일어   한자

　　　　　　가   か   加可假價家歌佳架稼暇嫁
　　　　　　고   こ   古固故庫孤顧枯鼓尻
　　　　　　구   く、ぐ   區句驅, 具
　　　　　　기   き、ぎ   汽紀記起基寄期旗器機技氣奇棋樂騎岐
　　　　　　　　　　　　　　　　　　幾祈忌飢企旣崎肌欺
　　　　　　나   な   那奈
　　　　　　니   に   尼
　　　　　　다   た   多
　　　　　　도   と   徒都度途塗渡
　　　　　　라   ら   羅
　　　　　　리   り   里利理痢吏履離
　　　　　　마   ま   摩魔麻磨
　　　　　　모   も   模
　　　　　　무   む   務無霧
　　　　　　미   み   未味
　　　　　　사   さ   査砂詐唆
　　　　　　세   せ   世
　　　　　　소   そ   素塑訴疎
　　　　　　시   し(じ)   市始視詩試示施, 時侍
　　　　　　아   あ   亞
　　　　　　야   や   夜野
　　　　　　오   お   汚
　　　　　　요   よ(よう)   要曜謠窯腰搖
　　　　　　우   う   羽宇
　　　　　　유   ゆ   油愉癒諭
　　　　　　이   い   以移異
　　　　　　찌   ち   地知遲

◎ 변형어   한국어   일어   한자

　　　　　　개   かい   改開介慨概皆
　　　　　　건   けん   件建鍵
　　　　　　걸   けつ   傑
　　　　　　검   けん   檢
　　　　　　격   かく、げき   格激
　　　　　　견   けん   犬見絹

부록 일본 초중등학교 교육용 한자의 법칙별 분류

결	けつ	決 結 潔
겸	けん	謙 兼
경	きょう けい, こう	京 境 鏡 競, 徑 經 輕 景 敬 警, 耕
계	かい, けい	界 械 階, 繼 係 系 計 鷄 溪 啓 契
권	けん	卷 券 權 圈
내	ない	內
년	ねん	年
념	ねん	念
녕	ねい	寧
대	たい	對 待 帶 隊 貸 大 代 袋
래	らい	來
려	れい	勵 戾 麗
력(역)	りょく	力
련	れん	連 練 憐 練
렬	れつ	列 烈 裂
렴	れん	廉
령	れい	令 靈 鈴 齡 零
례	れい	例 禮 隷
매	まい	每 妹 枚 埋
면	めん	面 綿 免
멸	めつ	滅
명	めい	名 明 命 鳴 銘
반	はん	反 半 班 飯 搬 般 畔 頒 盤 伴
배	はい	拜 背 配 俳 倍 輩 排 賠 陪 杯 培
벽	へき	壁 癖
변	へん, べん	邊 變 弁
별	べつ	別
병	へい	兵 竝 丙 倂 柄 塀
보	ほ	步 保 補
부	ふ	父 夫 付 府 負 婦 富 部 符 膚 扶 賦 附 浮 赴 腐 敷
비	ひ	比 批 肥 非 飛 秘 悲 費 備 鼻 碑 妃 卑
사	し, じ, しゃ	士 史 仕 糸 死 私 使 思 斯 飼 嗣 賜 寺 事 辭, 沙 寫 社 財 赦 辭
서	せい	逝 壻 誓
석	しゃく	釋

한국어	일어	한자
선	せん, ぜん	先宣船線選仙旋銑鮮扇善禪繕
설	せつ	雪設說舌
섬	せん	纖
섭	しょう	涉
성	せい	盛星性聲成聖誠姓
애	あい	愛哀
역	やく	逆役譯
연	えん	延沿演宴煙鉛緣
열	えつ	悅閱
염	えん	鹽炎
영	えい	永泳英榮映營詠影
예	えい	銳
원	えん	園遠援猿垣
월	げつ	月
사	し, じ, しゃ	了刺姉姿紫育諺字自
재	ざい	才再載宰戴齋災裁在材財
차	し, じ, しゃ	此, 次, 差車遮
채	さい	菜採債彩
태	たい	太態台
파	は	波派破把婆
패	はい	敗
폐	へ	陛閉幣弊
포	ほ	包鋪浦捕胞砲飽泡抱袍
피	ひ	皮披彼被避疲
하	か	下河賀火化貨盡
해	かい	海解害該
혜	け	惠
호	こ	戸呼湖好弧護號互豪
히	き	希喜揮輝犧戲

◎ 받침어

- ㄱ받침어

한국어	일어	한자
각	かく, きゃく	各角覺閣殼却脚
격	かく, げき	格, 激
곡	こく	穀
곽	かく	郭

부록 일본 초중등학교 교육용 한자의 법칙별 분류

국	こく	國
극	こく	克
댁	たく	宅
덕	とく	德
독	とく	毒 獨 讀 督 篤
득	とく	得
락	らく	落 酪 絡
략(약)	りゃく	略
력(역)	りょく	力
록	ろく	錄
륙(육)	りく	陸
막	まく, ばく	幕 膜, 漠
맥	ばく	脈 麥
목	もく	木
묵	ぼく	墨
박	はく	博 舶 薄 縛 迫 泊 拍
백	はく	白 伯
복	ふく	服 福 腹 複 覆 伏
삭	さく	削
석	しゃく	釋
속	そく	束 速 屬 續
숙	しゅく	宿 熟 淑 肅 叔 塾
색	さく	色 素
식	しょく	飾 殖
악	あく, がく	惡 樂
액	がく, やく	額 厄
약	やく	約 藥 躍
억	おく	億 憶
역	やく	逆 役 譯
옥	ぎょく	玉 獄
욕	よく	浴 欲
육	いく	育
익	よく	翌 匿 翼
작	さく	作 昨
적	じゃく	寂 賊 嫡
족	そく, ぞく	足 族

한국어	일어	한자
즉	そく	卽
직	しょく	織職直
착	さく	錯搾
책	さく	策
척	さき	片
촉	しょく、そく	囑觸促
축	ちく、じく	築逐畜蓄軸
측	そく	測
칙	そく	則勅
탁	たく	卓濁託濯
택	たく	擇
특	とく	特
폭	ぼく、ふく	爆幅
학	かく	學虐
핵	かく	核
혁	かく	赫爀
혹	こく	酷惑
확	かく	確穫擴
획	かく	獲
흑	こく	黑

- ㄹ받침어

한국어	일어	한자
갈	かつ	渴喝渴
걸	けつ	傑
결	けつ	決結潔
골	こつ	骨
괄	かつ	括
굴	くつ	屈掘
길	きつ	吉
달	たつ	達
돌	とつ	突
렬	れつ	列烈裂
률	りつ	律
말	まつ	末抹
멸	めつ	滅
몰	ぼつ	沒

부록 일본 초중등학교 교육용 한자의 법칙별 분류

한국어	일어	한자
물	ぶつ	物
밀	みつ	密
발	はつ	發 髮 拔
벌	ばつ	伐 閥 罰
별	べつ	別
불	ぶつ	佛 拂
설	せつ	雪 設 說 舌
솔	そつ	率
술	じゅつ	述 術
실	しつ	失 室 實
알	えつ	謁
열	えつ	悅 閱
월	げつ	月
을	おつ	乙
일	いつ, につ	一 逸 日
절	せつ	切 折 節 絕
졸	そつ	卒
질	ちつ	秩 窒
찰	さつ	札 察 擦
철	てつ	鐵 哲 撤 徹
촬	さつ	撮
출	しゅつ	出
칠	しつ	漆
탈	だつ	奪 脫
필	ひつ	必 筆 匹
할	かつ	割 轄
혈	けつ	血
활	かつ	活 滑
힐	きつ	詰

- ㅂ받침어

한국어	일어	한자
갑	こう	岬 甲
급	きゅう	急 級 給 及
답	とう	踏
렵	りょう	獵
립	りゅう	粒

한국어	일어	한자
삽	소우=そう	澁挿
섭	しょう	涉
습	しゅう	襲
십	じゅう	十
압	おう	押
엽	よう	葉
읍	きゅう	泣
입	にゅう	入
즙	じゅう	汁
집	しゅう	執
첩	じょう	疊
탑	とう	塔搭
핍	ぼう	乏
합	こう	合
협	きょう	峽脅狹挾

- ㅇ받침어: 동음
  (うお)

한국어	일어	한자
강	こう, きょう	降康鋼講剛江綱, 強
갱	こう	坑
공	こう, くう, きょう	工公功孔貢攻控, 空, 共, 供恭恐
광	こう	廣光鑛
궁	きゅう	窮
당	とう	當黨糖堂唐
긍	こう	肯
낭	じょう	娘
농	のう	濃
당	とう	糖唐黨當堂
동	とう, どう	冬凍棟, 同動童働銅
등	とう	登等燈騰
랑	ろう	朗廊浪郎
량	りょう	兩良量涼糧
룡	りゅう	龍
릉	りょう	陵
망	もう	妄網忙望忘亡
맹	もう	猛盲

부록 일본 초중등학교 교육용 한자의 법칙별 분류

방	ほう	方放訪防邦肪傍芳妨紡倣房坊
봉	ぼう	棒俸縫奉峰
붕	ほう	崩棚
빙	ひょう	氷
상	しょう, そう, そう	商傷賞上狀常詳祥尙償床,象像,相想桑霜喪
송	そう	送
숭	すう	崇
승	しょう	承勝乘繩昇升
쌍	そう	雙
앙	おう	央
양	よう	羊洋陽樣養揚
옹	おう, よう	翁擁
왕	おう	王往
용	よう, ゆう	用容庸踊溶,勇
웅	ゆう	雄
융	ゆう	融隆
응	おう	應
장	しょう, そう, ちょう	場丈,章障將掌?奬匠粧裝藏臟壯莊葬,長帳張腸
쟁	そう	爭
종	そう, しゅう	宗,縱從終鍾
중	じゅう, ちゅう, しゅう	重,中仲,衆
증	じょう, そう	蒸增贈憎
징	ちょう	懲徵澄
창	そう	倉創
총	そう	總
충	ちゅう	蟲忠衷沖
층	そう	層
탕	とう	湯
통	とう	通痛筒洞
풍	ふう	風
항	こう	航港恒抗項
행	こう	幸

향	きょう	鄕享響
홍	こう	紅
황	こう	皇荒慌
흉	きょう	胸凶
흥	こう	興

- ㅇ받침어:
  (い 어)

한국어	일어	한자
경	きょう, けい, こう	京境鏡競, 徑經輕景敬警, 耕
녕	ねい	寧
령	れい	令靈鈴齡零
명	めい	名明命鳴銘
병	へい	兵竝丙倂柄塀
성	せい	盛星性聲成聖誠姓
영	えい	永泳英榮映營詠影

◎ 받침음

한국어	일어	한자
간	かん	干刊看間幹簡汗肝
감	かん	感鑑憾勘取監甘堪
곤	こん	困昆
관	かん	官管關慣館觀
군	くん, ぐん	君, 軍郡群
균	きん	菌
균	きん	均
긴	きん	緊
난	なん	難
단	たん, だん	單短丹鍛端, 團段斷壇
담	たん	談淡膽
돈	とん	豚
란	らん	亂卵欄
람	らん	覽濫
론	ろん	論
륜	りん	輪
린	りん	磷
림	りん	林臨

부록 일본 초중등학교 교육용 한자의 법칙별 분류

만	まん	万満漫慢
민	みん	民
산	さん	産散算酸傘
삼	さん	三参
손	そん	孫損
순	じゅん	旬循殉盾瞬巡
신	しん	身臣神信新紳娠迅辛薪慎伸
심	しん,じん	心深審尋甚
안	あん	安案
암	あん	暗
온	おん	温穏
완	わん	腕
운	うん	運芸
은	いん	隠
음	いん	陰
인	いん	引印因姻
잔	ざん	残桟
잠	さん	蚕暫
존	そん	存尊
준	じゅん	準俊遵准
진	しん,じん	真陣唇振震診進尽
찬	さん	賛
참	さん	惨
춘	しゅん	春
친	しん	親
침	しん	侵寝浸沈
탄	たん,だん	炭誕嘆,弾
탐	たん	探

한국어	일어	한자
반	はん	反半班飯搬般畔頒盤伴
변	へん,べん	邊髪,弁
본	ほん	本
분	ふん	粉奮分墳雰憤噴紛
빈	ひん	貧賓頻
판	はん	判板版販

한국어	일어	한자
편	へん	片編遍偏
한	かん	寒漢閑
함	かん, がん	艦陷含
헌	けん	憲獻軒
험	けん	險檢
현	けん, げん	縣顯賢懸 現玄弦
혐	けん	嫌
혼	こん	混婚魂
훈	くん	勳薰訓

한국어	일어	한자
권	けん	卷券權圈
년	ねん	年
념	ねん	念
련	れん	連練戀練
렴	れん	廉
면	めん	面綿免
변	へん, べん	邊變, 弁
선	せん, ぜん	先宣船線選仙旋銑鮮扇, 善禪繕
섬	せん	纖
엔	えん	円
연	えん	延沿演宴煙鉛緣
염	えん	鹽炎
원	えん	園遠援猿垣
전	せん, ぜん, てん, でん	專戰錢拴 全前, 展轉, 傳電
점	てん, ぜん	店点漸 占
천	せん	千淺泉踐遷薦
첨	てん	添
편	へん	片編遍偏
헌	けん	憲獻軒
현	けん, げん	縣顯賢懸 現玄弦
혐	けん	嫌